Wolfgang Welsch
Aus einem fernen Land

Gedichte

Wolfgang Welsch

AUS EINEM FERNEN LAND

Gedichte

Re Di Roma-Verlag

Bibliografische Information der Deutschen Nationalbibliothek:
Die Deutsche Nationalbibliothek verzeichnet diese Publikation
in der Deutschen Nationalbibliografie; detaillierte
bibliografische Daten sind im Internet über http://dnb.ddb.de
abrufbar.

ISBN 978-3-86870-402-0

Illustrationen:
Ute Weizsaecker

www.rediroma-verlag.de
13,95 Euro (D)

Inhalt

7

Zyklus Ostzeiten

Bei einigen Gedichten handelt es sich um Kontrafakturen früher Verse, da einige Gedichte von der Geheimpolizei der DDR beschlagnahmt und verloren waren.

Wie jetzt noch Gedichte schreiben,
warum nicht endgültig verstummen
und sich viel nützlicheren Dingen zuwenden?
Wozu Zweifel vermehren,
alte Auseinandersetzungen aufleben lassen,
unvorhergesehene Zärtlichkeiten;
diesen unbedeutenden Lärm
einer Welt hinzuzählen,
die jenen übersteigt und tilgt?
Klärt sich etwas durch ein ähnliches Knäuel?
Niemand braucht das.
Abfall alter Ruhmestaten,
Wen begleitet er, welche Wunden heilt er?
Zum Glück war es nicht so
und darum spreche ich zu dir
ohne Angst.

Juan Cobo Borda

Tageszeiten

Am Morgen durcheilend die Stunden
des großen aufleuchtenden Tages
schlug ich mir Wunden aus Unbedacht
die Schmerzen nicht fühlend vor Wundern
als Gefäß meiner hungrigen Sinne
Tanzen im Tau Lachen über der Erde
ins Feuer treten ohne Schmerzen
wie flimmernde Hitze vor jedem Bild
Freunde erwählt ich und Lehrer gewann ich
alles besaß ich um nichts zu behalten
und da war kein Wissen um Leere
da war Schreien i c h   b i n.

Der Mittag war kurz zu kurz
um zu begreifen zu fassen zu halten
Wellen von Wunsch und Willen
warfen mich auf den Zenit
doch niemals des maßlosen Erfolges
greifend mit Händen gespreizt
das Ferne immer erreicht
das Nahe unmerklich entglitten
und das war Gewissheit e s   g e s c h i e h t
und was immer geschieht es ist auch in mir.

Früh dämmert der Abend im unsichern Haus
der Tisch ist gedeckt die Stühle sind leer
ein fremdes Getränk und fremde Musik
die Angst sitzt mir frech gegenüber
trägt ernst sich wie ich lacht zaghaft
wenn zaghaft ich lache und ich weiß nicht
bin ich ihr Spiegelbild oder ist sie´s durch mich
und das ist Bedrohung i c h   w a r

und werde alles verlieren
und werde alles gewinnen die Hoffnung
und da ist Glaube i c h w e r d e.

Reife

Die Linden setzten ihre Blüten ab,
die mit Stürmen kalt und bitter rangen,
Sonne Nebel, Licht begehrlich aufgefangen,
um zur Reife zu gelangen,
Duft, verschwenderisch bei Tag und Nacht,
wenn unsre Fenster offen standen
ausgeströmt,
ein Gruß des sichern Wachstums.

Reifend aber muss der Duft versiegen,
reifend wurden bald die Früchte schwer,
vollreif fielen sie zu Boden.

Damals

Rauscht wieder das blühende Korn
in sommerfarbenem Flimmern,
lass uns vergessen Schmerz und Zorn,
lass uns um andres kümmern.

Um jenen wies´gen Feldesrain
der uns vom Dorf hinweggeführt,
ins Dunkel unsres Doppel-Sein,
in dem ich – Gegensatz – dich ganz gespürt.

Nacht wird dich umfangen

Nacht wird dich umfangen,
wenn du müde, wenn du trunken bist.
Wenn du wach und rege bist,
wird die Sonne prangen
die in hellem vollem Licht,
dir die Schönheit zeigen
in gesättigten Konturen
wovon du vor Fülle
alsbald müde, alsbald trunken bist.

Und die Nacht wird dich umfangen.
Glaub Geliebte, ach Geliebte,
jeder schöne Tag ist kurz.

Abschied 1

Als der späte Abend mir den Abschied brachte
von dir, die auf den Zeiger wies,
erschrak ich jäh, weil deine Liebe zeitlich war;
und mit der Tür schloss hinter uns sich ab
ein Teil von meinem Leben das ich beständig wähnte.
Doch in dem Nebel staute sich
dein Bild, zum Inbegriff des Sehnens.
Als du dann aus dem Lichtkreis tratst,
verschmolz dein Kern
und mein Begehren floss ins Nichts.

Abschied 2

Sie sah nicht
sein nachtdunkles
fragendes Lächeln,
sie schwieg.
Sie schwieg
und hörte nicht
die Worte
die gesprochen
auf Antwort warteten.
Das Streicheln
seiner Hände
gehörte schon zum Gestern.
Erstarrt die Augen,
i h r e Augen
und Gedanken,
denn der Mittag
brachte den Abschied.

Sommer

Blumen
im Morgen sich entfaltend
taumlige Käfer lockend
betäubten uns im Mittagsgras.

Sonnenkreise
erhitzten unsre Sommerküsse
spielten mit Farben
um uns zu bemalen.

Wüstenwinde
über die Haut als Stempelkissen
prägten und trockneten unsere Feuchte
gerannen zum schützenden Tempel.

Mondschatten
säte, gewährte, dem heißhungrigen Mund
drängte, verhängte den Schleier der Nacht
und ruhte, umfing, verbarg die Liebe.

Kornfelder

Sonnentrunkene Kornfelder träumen
mählich der Ernte entgegen;
widerstehen dem dörrenden Winde,
trotzen dem spülenden,
Wurzeln waschenden Regen,
ballen und spreizen und wiegen
zum Teppich, zum unversehrbaren,
weil Halme, gegen Dürre sich wehrend,
dem Regen sich beugend,
in der Dichte allein überleben.

Tagen

Da die Nacht den dunklen Wurf
über den Asphalt gebreitet
und spärlich Lichter helle
Kreise ins Schwarze stachen
belebte sich sein Schritt
er griff hinaus ins Tagende
und suchte Weisen suchte Lieder
die dem Morgenrot dem steigenden
sich verbanden Harmonien bildend
und ein Finale des Triumphs
mit tausend Trommeln hämmerte
dem ewig sich Erneuernden.

Wie eine Ewigkeit

Am Anfang scheint das Sein
wie eine Ewigkeit,
vierfüßig tanzt der Mund,
Bewusstsein ohne Zeit.

Mit der Erkenntnis kommt
die Endlichkeit.
Das Leben teilt und trägt dich
nur überschaubar weit.

Nur Liebe ist unendlich,
wie eine Ewigkeit,
sie ändert keine Zeiten
und bleibt in sich bereit.

Und finden dich nicht mehr

Der Tag neigt sich nach Norden,
die Nacht nimmt ihren dunklen Lauf.
Stumm ist mein Herz geworden,
sucht Stille, sucht die Ruhe auf.

Und die Gedanken fliegen
hinab ins Häusermeer
und suchen Tür und Treppen
und finden dich nicht mehr.

Die Zeit

Die Zeit hält mich umfangen
sie hält mich unbarmherzig fest.
Ich feire ihren Niedergang
und ihrer Höhen Fest.

Die Zeit lehrt mich auch finden
was längst verloren war
und kennt aus allen Gründen
den einzigen als wahr.

Die Zeit hilft mir verstehen
dass Schatten Lichtesfolgen sind,
erst wenn wir die Verbindung sehen
ist Sturm ein Bruder nur von Wind.

Die Zeit schlägt mich in Fesseln
Wie ich auch immer um mich schlag,
sie lehrt mich zweifeln und vergessen
und bringt doch einen neuen Tag.

Leere

Leere Stühle schon am Morgen
leeres Glas um Mitternacht
keine Leere kann ich borgen
denn sie ist mir zugedacht.

Von den Städten Wäldern Wind
von den Straßen die Gerüche
die in meinen Augen sind
und die Angst schon im Gebüsche.

Möcht ich mich zur Mitte neigen
oder schon dem Ende zu
kann mir keine Uhr anzeigen
kein Kalender bringt mir Ruh.

Hab ich schon die Welt zerdacht
den Verlust zur Qual gerundet
oder deckt mich nur die Nacht
hat mich Zeit verwundet?

Verlust und Zeit der Leere Raum
der Sommer neigt dem Sommer sich
ergreife ich der Liebe Saum
entleert sich Leere schweige ich.

Regen

Regen zu nächtlicher Stunde
wäscht den Staub vom Gestein,
glättet sonnrissige Wunden,
nebelt den Kummer ein.

Monotoner dunkler Klang
stimmt das Träumen leicht,
berauschender Naturgesang
wischt alle Linien weich.

Regen auf täglichen Flügeln
beeinträchtigt den Auftrieb nicht
kann auch Wärme nicht zügeln
perlt von deinem Gesicht.

Liebe und Geld

Liebe und Geld
sind wie Feuer und Wasser.
Liebe ist Feuer,
Wasser das Geld.
Wasser verdampft,
am End bleibt dir nichts.

An H.S.

Ich hab besungen die Augen
auch dein geflügeltes Haar
mich bemüht dir zu taugen
kein Mond nicht ein Jahr
in Liedern beschrieben
am Ende geblieben
zwei ferne Freunde
doch kein Paar.

Dein Lächeln

Dein Lächeln
ist mehr als dein Lachen,
dein Lächeln verspricht,
dein Lachen tötet.

Deine Augen

Deine Augen gleichen Seen,
unergründlich klar,
drin liegt ein einziges Verstehn,
der Liebe Abglanz nehm ich wahr.

Deine Stimme

Deine Stimme gleicht dem Rauschen
der See, vibriert wie naher Birkenwald,
das höchste Glück ist, ihr zu lauschen,
zu wissen, ihr folgst du alsbald.

Deine Brüste

Deine Brüste sind wie Hügel der Auvergne,
aus warmem Marmor, gleich der Aphrodite,
sie zu berühren lieb ich gerne,
sie geben unsrer Lieb Rendite.

Deine Liebe

Deine Liebe ist wie erste Saat,
hingeworfen in ein feuchtes Feld.
Schlägt sie Wurzeln, treibt, wird grad
blüht so wie es uns gefällt.

Verlangen

Wenn nächtlich die geflügelten Winde rauschen
raunt mir dein Flüstern zu: Geliebter.

Und in den Kratern deiner Nachtaugen.
versinkt der Rauch verbrannter Schmerzen

Bittend höre ich deine Stimme
und trinke mit dem Regen deine Küsse.

Wiederfinden

Manchmal blick ich in die Sterne,
wird die Sehnsucht übergroß,
denn du liegst in weiter Ferne
und die Einsamkeit mein Los.
Viele Worte sind gesprochen,
manche Träne, mancher Fluch
und die Lieb ist ungebrochen,
wie ein aufgeschlagen Buch.

Schweigt die Lust und Wolken ziehn,
gleich mit ihnen die Gedanken,
die dem Freudentag entfliehn,
schwerelos und ohne Schranken.
Bis sie sich mit deinen finden
in der Nächte kühlem Glanz,
sich im Taumel fest verbinden
und sich bergen lassen ganz.

Nicht ein Schicksal hat verschlungen
unsrer Liebe dunklen Wein,
noch eh sein wüster Hass verklungen,
wird der Verfolger nicht mehr sein.
Singt er wild das Lied der Lüge
und das Echo füllt die Bühne,
trotzt der Wahrheit zur Genüge,
reicht den Becher ihm zur Sühne.

Morgenrot ist längst dahin,
des Lichtes Strahlen senden Blitze.
Der Stern verblasst und neuer Sinn
entfaltet sich vor Tageshitze;

über Mauern die verwittern,
setzt der Verlorene zum Sprung,
lässt unsere Herzen früher zittern,
schenkt doppelte Befriedigung.

Zeit

Ich siebe
die Jahre
Im Roulett
rollt die Kugel
wie Sand
die Jahre
zwischen Fingern
Wasser
Monotones Rollen
über Zeitschienen
Regen siebt
Stundenglasasche
Über den Mauern
siebt Staub
von Liebe
von Hass
zeitlosen Staub
Gewohnheit
Zeit

Elegie

Jede Stunde Schweigen
dämmert wie Durst nach Begegnung
und entleert sich langsam in Schatten.
Sogar das Licht hatte sich aufgebraucht
und chronologisch unkeusch
fesseln mich Konturen vergangener Niedertracht
wenn ich entblößt über dem Abgrund hänge.

Nur deine feuchte Nacktheit
verhindert einen reißenden Absturz
wie ich bergan schon am Mittag zerstört
die Gegenwart erreiche
die Scham um Erkenntnis des Gewöhnlichen
um ein verlornes Paradies buhlt
unterliege ich den Sinnbildern der letzten Stunde.

Meine Stadt

Straßen,
endlos sich verlierend,
tagnächtlich dumpfes Brausen.
Schatten, Gesichter, Morgensonne.
Straßenbahngeklingel
in C-Dur,
beim Einsteigen 'beeilen bitte'
zurückbleiben
Menschenwagen,
Zeitungsverkäufer
inmitten der Brandung,
verschwindend,
auftauchend
mit gereckter Hand:
was...tot?
teurer, Unfall,
Vorsicht, rot!
Luxus in Metall
gleitet im Pantherschritt vorüber,
Glied einer Kette,
nur mit der grünen Zange
zu zerschneiden.
Sein oder Nichtsein
kreischen die Möwen über der Spree
und nehmen den Kampf auf
mit meinem Frühstücksbrötchen,
das nur Minuten später
aufgeteilt
in zwanzig Möwenmägen fortfliegt.
Schwellendes Dröhnen
über ölige Wasser.
Unter der Brücke Fernweh

und brodelnder Wirbel darüber:
Menschen.
Wohin, warum,
Ebbe?
Flut, Flut,
Sie springt mich an,
schwemmt mich fort,
schiebt, drückt,
macht Gesetze,
Arme, Münder, Augen,
Quäken, Lachen, Klingeln,
Sturm, Wut, Inferno,
Bremsen quietschen,
mein Bus.

Drachenkind

Ein Vogel brütete ein Ei
empfindet Mutterstolz dabei
was er nicht weiß und ändern kann
hält ihn in fürsorglichem Bann
bis zum Schlupf führt er die Pflege
(ein Drachen tat in sein Gelege
mit List und Mut ein falsches Ei)
mit großer Sorg zum End herbei
ihn kümmerte es keinesfalls
wenn der Geschlüpften schlanker Hals
der schützend Schale wann entrinnt
und wenn es wächst zum Drachenkind
dem Vogel ist das einerlei
er glaubt gewiss es wär s e i n Ei
denn List und Tücke dieser Drachen
sind unbedingt nicht seine Sachen
der Drache nutzt den Mangel gern
an Überlegung und sofern
die Aufzucht sich bis zum Finale
erfolgreich bildet auch zum Mahle
des nunmehr neuen Drachens endet
womit die Art des Vogels endet
so sieht man wenn was falsch platziert
das anders als gewollt passiert
die Lieb der Mutter schlecht vergolten
auch wenn das beide so nicht wollten
die Absicht lässt sich leicht erkennen
die Drachenmutter die wir Lisa nennen
verknüpft den Nutzen mit dem Zweck
und bald sind alle Vögel weg.

Ich liebe

Als dein Gesicht sich zu mir wandte
und deiner Augen strahlend Glanz
den Tag erhellte ich erkannte
dass alles was ich vordem lebte
nur Abglanz Schein und blasse Welt.

Du gabst mir Straßen Häuser Plätze,
die stille Nacht und Trunkenheit
umwunden von der Wärme deiner Hand
gebeugte Worte fremde Tränen steigen
mit dir zum Sonnenuntergang
jetzt muss die Furcht sich einzig neigen
und ist am Morgen vor mir wach.

Und doch ich wehr mich nicht dagegen
es ist die Liebesangst ich liebe
ich würde alles tun auf allen Wegen
wenn diese Angst mir bliebe.
denn weiß ich gut wie die Momente
zerrinnen seit ich in die Welt geboren
denn alles Leben wäre tot
wenn deine Augen mir verloren.

Nichts nutzt es euch

Nichts nutzt es euch
das Menschlichste des Menschen
tausend Wonnen – seine Freiheit
heimtückisch scheinlegal zu rauben,
Enkel des Pythagoras und Aphrodites.
Im Pestgestank des Kerkers zu zerbrechen
noch ehe sie die Schönheit
und Weite ihrer Selbsterkenntnis kosteten.
Nicht Schwache macht ihr,
Zornige!
Nicht Feiglinge wie ihr,
Mutige!

Bautzen, 20. August 1967

wie der schnee

ich möchte sein wie der schnee
der lautlos wunden bedeckt
der in blendender helle
alle reinheit erweckt.

ich möchte sein wie der schnee
der schwarzes weiß macht
der mit strahlendem samt
überschwemmt die nacht.

ich möchte sein wie der schnee
der in wärme vergeht
der mit tausend kristallen
deine spuren verweht.

ich möchte sein wie der schnee
der im licht erstrahlt
der die schönheit des schweigens
mit vergessen bemalt.

Berlin-Rummelsburg, 25. August 1966

Dennoch

Die mich einkerkerten
hinter Stacheldrahtarealen und totaler Isolation
sahen
er war frei.

Die mich folterten um Geständnisse zu erpressen
hörten
er ließ sich nicht brechen.

Die mich verurteilten
von Gesinnungsänderung und Umerziehung faselten
erkannten
er blieb sich treu.

Die das Tor öffnen werden müssen
mit Schweigegebot und langen Armen drohen werden
glauben
er wird schweigen, verstummen, vergessen.

Sie alle werden sich irren
Die verkommene Macht und ihre stumpfen Schwerter
werden sehen
hören
erkennen
der Regen kehrt nicht nach oben zurück
die Wunden bleiben
die Heilung wird sprechen und rufen schreien
den Sand pflügen und den Stein heben.

Bautzen, 15. April 1967

44

Vom humanen Strafvollzug der DDR

Wie konnte ich nur so stark erblinden
den Vorzug des Sozialismus nicht kennen
man lässt uns hier Zeit das Essen zu finden
das sollten wir jedenfalls so nennen.

Das war die tägliche Wassersuppe
der Klecks Marmelade und drei Scheiben Brot
wir kauten langsam, es war uns nicht schnuppe
wir wollten leben nicht frühen Tod.

Der Hunger war unser treuester Freund
und blieb es in hellen und dunklen Tagen
die waren von Wärtern mit Knüppeln umsäumt
und niemand sollte protestieren wagen.

Ein leerer Magen schärft meistens die Sinne
in diesem Fall verschafft' er sich Klarheit
und drückte sich aus in geheimer Minne
schrieb und reimte und zeugte von Wahrheit.

Es ist der Versuch Kafkas Welt zu erhellen
wo Wärter zu Erziehern mutierten
um letzte Humankrümel frei zu stellen
und sich dabei wenig genierten.

Humaner Strafvollzug übersetzt bedeutet
die Abwesenheit von Humanität
wir wissen das Ende ist eingeläutet
von uns, aus Gründen der Freiheitskausalität.

Bautzen, Februar 1967

Memento

Ich strebte dreitausend Kilometer nach vorn,
durch verwundete Jahre aus Zement,
über zerschossene Masken,
durch den Schlamm ausgeschütteter Tage.
Mein Fuß streifte zerbissene Hände
die tonlos im Staub zerbröckelten.
Schleichend mit gehäufter Langsamkeit
stürzten mich Ströme von Bestien
zwischen formlos gemalten Büsten
in die stinkenden Häuser tauber Gebeine .
Die Totengräber kamen ohne Zylinder
und die Zeit hatte einen tödlichen Geschmack.

Unter den Beinen von Skorpionen.
Die lange Tiefe wurde hingestürzt
zwischen zernagtem Lachen
und ermordetem Verbrechen,
wie weißer Schlamm ohne Stimmen.
Täglich zerriss die Nacht ihr blödes Lächeln,
ließ Metall aufheulen und Liebe zerschlagen
und Frauen und Augen, und Entsetzen.
Ein wahnsinniger Stern schändete Kinder
unter blassroten Lippen.
Ich rannte meinen Kopf schäumend gegen Türen,
um die Ohnmacht schrillend, überschnappend,
anzuschreien: NEIN.

In sarmatische Finsternis
erstickten irre Trommeln den Flieder,
hinter Stacheldraht und Scheinwerfern nachts.
Das Ekelantlitz verdammter Sklaven
warf mit den Vögeln die Luft in Ketten,

hinter denen sie verfaulte.
Vernagelt wurden offene Münder,
ertränkt, hineingespien, zerfressen bis zum Blut,
und eure Uhren blieben nicht stehen
als Mädchenaugen irre lachten
und unser Eisatem den starren Kalk ritzte.
Herabgezogen in Schächte blutbesudelter Plebejer
wurden die Tränen zerschmettert,
und durch den Nebel kohlte stummes Entsetzen
bis die Wunden zitterten.
Ich gelangte drei Jahre nach hinten,

Myriadenhaft kam aus Ruinen getrockneterAsche
der Hass,
vertilgend den Fluch,
die Trauer und den Stein,
wie geschmolzenes Titan das Gebiss ausglüht.
Aus den Staubleibern in herabgefallener Erde,
Augen verstopft mit Sand und zerstochen,
kommt das Röcheln und die Hand,
kommt, kommt, bis Stahl wird, Kugel
aus gebrannten Tränen.
Maschinenpistolensalven
in die Leiber von Hyänen
die Hyänen verachten würden,
bis der Pulverdampf die Mäntel der Trauer fortwirft,
bis der Hass
das ausgelöschte Lachen wiederfindet,
bis der weiße Sand
nass vom Blut – frei für die Liebe.

Bautzen 5. Juni 1967

Zukunft

Zukunft
Leben in dir
Millionen ungeschriebener Briefe
In Sekunden und Ewigkeiten
Horizontlose Zeit Glück
Hinter Mauern und Nacht nur zu ahnen.

Sonne
Die noch nicht aufgegangen
Buch
Dessen Seiten noch unbeschrieben
Haus
Dessen Mauern noch grundlos
Baum
Dessen Samen noch ungesät
Kind
Dessen Antlitz noch bildlos
Lächeln
Das noch sardonisch.

Bautzen, 14. August 1967

49

Zyklus Lateinamerika

Du bist Orplid, mein Land das ferne leuchtet

Eduard Mörike

Le coeur a ses raisons que la raison ne connaît pas!
Das Herz hat seine Gründe, die die Vernunft nicht kennt!

Paul Verlaine

San José

San José du Schöne
morbide Lichtgestalt
in deinen Straßen wähne
ich Liebe und Gewalt.

Im fremden Land

Die Zeit des Verlassens
der hilflosen Blicke und des Schweigens
lag schon mit mir
in meinem Haus in Berlin
als die Mauern
noch Sicherheit vortäuschten
und die Nächte wie Hymnen
gespenstischer Oratorien klangen
Tugend und Glaubensfreiheit
wuchsen wie schlanke Palmen
in den Gärten Cartagos
vor Jahrhunderten für das Ende
der Dinge errichtet
davon gebliebene Ruinen
als Dinge am Ende
Mauern der Flucht und Zuflucht
gehen und kommen wie platinierte Sonnen
der Tod beschlagnahmt die Verlockung
auf frischer Tat
im Innenhof meiner Phantasie
bewache ich dein Wort
den Flug ewiger Feindseligkeit
den Wunsch unveränderlicher Wärme
die Unwissenheit der Pilatus´ und Othellos
scheint wie matter Nebeldunst
der früh durchfeuchtend kalt
das Geheimnis des Tages
gefährlich unbändiger Erwartung
wie gierigen Hunger in sich trägt
dein Wort ist Wasser und Schatten
Brot und Licht der Liebe
unter der ich wie ein Nachtwandler

im fremden Land
den Weg zu dir finde.

In San José

Zwölf Stunden ausgehöhltes Leben
im Zentrum Reicher Küsten
dein Abflug glich dem schweren Beben
mein Tag inmitten Wüsten.

Was machen Träume wenn sie landen
wenn ihrer Flügel gleitend Kraft
den Weg nach Orplid fanden
zu zweifellos lucider Haft.

Begrenzter Ausflug in Idiome
verhaltnes Lachen Freunde sehn
im Kopf noch bettelnde Progrome
im Bauch Passate gehn.

War ich dort und bin ich hier
getrieben von der Eile
gehöre ich ganz sicher dir
getrennt auf Zeit und Weile.

Kein Himmel kein Asyl für Schlangen
keine bizarre Tropennacht
kann die Erfindungsgabe fangen
die mich zu dir gebracht.

Ich bin Verlangen Diamantenscherben
zerschlissne Schwermut schreit passé
schmerzt mich die Stadt
begeistert mich ihr Werben
die Liebe schläft in San José.

De la vida y el amor
(Vom Leben und von der Liebe)

Warum schmerzen mich diese Farben
in ihrer gierigen Zügellosigkeit
lockend verlockend nie verblassend
nach Vergangenheit riechend
wie der Tod
aber wie unvergänglich leuchtend
über roter Erde Siegel
wo Liebe gleich Lianen wächst
in diesem Dschungel Mayaland.

Warum wird mir nirgendwo
deutlicher wie entschlüsselter Code
ein verschwundenes Geheimnis
Lebewohl zuruft
dass nur glühende Kraft
zum Leben
alle ausgewählten Empfindungen
Lügen straft
völlig einfach wie wirksam.

Für Sterben Reinheit und Verworfenheit
gibt es Standbilder
aber die Wahrheit ist das Tal
und die Seele der Atem darüber
der dich wahrnimmt
einnimmt, atmet, lebt und liebt
leben ist wie lieben
amar es como vivir
verlangen nach brennendem Licht.

Exil

In schweißnassen Träumen
umgeben von ängstlich verstummten Menschen
unter dem Schutz des Regenwaldes
benutzte ich anfangs die knarrenden Telefone
schlafwandlerischer Sicherheit
wie ein unwiderstehliches Kleid
ehe gleißende Tropensonne das ungeschützte
Auge heilsam öffnete.

Denn ich besaß viel
und viele Freunde rollen polternd
wie Fässer durch Korallenträume
nichts ahnte ich von surrealer Rache
die sie mir klandestin bereiteten
nur letzte wahre Freundinnen und Freunde
blieben bleiben mir zurück
in ihren Gräbern
Plato der dankbare Grieche
Sophokles, der quirlig Gerissene
die glücklich nordirische Happy
auch Cleopatra wie der Beschützer Robespierre
als letzter lebend noch entrissen
mein Labrador und alle Katzen Hunde
Durch die verbuhlten Zimmer
meines geschenkten Hauses geh ich nun
vorbei an Büchern, Bildern
durch rauschende Gesprächsanpflanzungen
ganz ohne Blüten Früchte
den Kopf vergraben unter der Feuerlinie
und langsam werden Freude Freunde matt
wie altes Gold.
Ophelia und Leander verschenkten ungekostet

den verdorbnen Kuchen der Gerechtigkeit
mit bittrem Beigeschmack der Lust
wenn alle Türen nicht mehr schließen
bleibt Zukunft ohne Herkunft
und die Luft entweicht den Räumen
als ich niemand mehr fragen konnte
ging ich fort.
Als ich aufwachte beschloss der Bernsteinglanz
der Sonne gerade mein Bett zu verschlingen
in der Stille wusch ich meinen Traum
und in der Hand zerfiel Europa unauffällig
wehrlos blieb ich an der Reichen Küste
mein Exil war deine Hand in meiner
dein Mund in meinem ich in dir
meine Toten verblichen unter der Glut
dieser Jahreslebenszeit verfallen schmerzend süß
die Spur zurück wird endlich überspielt
die Brandung beider Ozeane duldet kein Bestehen.

In Lateinamerika

In Lateinamerika
ging mir die Zeit verloren
zwischen zänkischen Arara
und dröhnend bekoksten Mohren
war ich mir plötzlich endlos nah.

Niemand bemerkte das Defizit
in der schweigenden Harmonie
mein Nabel kroch aus seinem Zenit
in leere Schmerzphobie

Dieses geheime Verlassensein
von Verstehen Sprache und Gott
der Irrsinn solch bittren Elends allein
zementierter Schaum als Kompott.

Wenn jede Anstrengung nutzlos erscheint
und wir wie dicke Insekten hausen
es gäbe für niemand mehr einen Feind
für alle nur lustvolles Schmausen.

Der Tod enthebt uns dieser Überlegung
wenn wir auch wehrlos nach Zeiten haschen
die Ordnung des Seins hat eigene Prägung
sie wird auch die Sprachlosen überraschen.

Conquista

Als die Sonne durch den Nebel stieg
wieder dampfend abglitt
auf den Opferstein der Chorotegas
war es schon der letzte
und der erste Tag
über den sich der Himmel projizierte
und Colon sich gürtete
soviel weißes Leben
trug den Geruch des Todes her.

Das nackte Buruca Mädchen lächelte
dem Ende der Unwissenheit entgegen
konnte sicher sein zum Sterben
noch vor dem Rausch der Schweinehirten
und Goldherrscher
die von den Magiern des Tintenflusses
beschworen wurden
aber verzaubert zuerst
vom Nektar des Gefürchteten getrunken
im Schlaf die Unschuld überlebt.

Der Sand verändert seine Farbe nicht
als das Unglaubliche geschah
die Stiefel die durchs Meer herüberkamen
führten verschwenderische Zaubernamen
Cortéz Chavéz Valdivia Pizarro
Orellaña de Balboa Carvajál
als Abgesandte jener großen Reina
und unbemerkt fiel auf den unberührten
Boden ein kleiner roter Apfel.

Als Viriatus sich den Römern widersetzte

jubelten die Lusitaner
die Bruncas glaubten nur an Wiederkehr
des Sonnengottes wie die Mayas und Azteken
und füllten ihre Lungen tief
mit süßem Todesmoder.

Doch war es unabdingbar Pflicht
der königlichen Schweinezüchter
sich Erde und geschleifter Bauten Nerv
das Beben eines nie gesehen Lebens
archaisch fremd und blutig
zu unterwerfen auszulöschen
die Königin verwunderte sich sehr.

Seid endlich glücklich Missionierte
und Vorbedachte aus dem Nichts
Nachkommen des Morbiden und Naiven
im Zentrum beider Kontinente
der Mitte Indiens auf lateinisch
der Reichen Küste doppeldeutger Name
das Erbe jener trat die Weltbank an
statt abgehackter Köpfe Dolares
und Wertesiegel auf Bananen
und siehe auf dem Völkertisch
im glänzenden Kristall der Vasen
gezüchtet bunt saftige Abkömmlinge
von Pestiziden im Geschmack des Todes.

Die trügerische Spiegelung
beschnittnen wurzellosen Lebens
zeigt Phantasie im strukturellen Ausbau
neuer Handelswege für das neue Gold
weiß matt in Pulverform
groß der Gewinn der neuen Schweinezüchter
im reichsten Land des Regenwalds.

Und malerisch und hin und wieder
erstrahlt der Arenal im Feuerstrom
raucht dröhnend explodiert und lebt
vulkanisches Event
Conquista Zeuge
ihr Erbe wohlverwahrt im Escorial
verblichne Knochen und verblasste Historie
die Hellebarden längst zerfallen
Archäologen auf der Spur zur ewig letzten
Conquista eigener Vergangenheit
wieder
wieder.

Über San Carlos

Hinausgeworfen
hinaufgestiegen
und nebliges Erschrecken
in den Flanken Ohnmacht
abfallende Erinnerungswüsten
unter den Hängen des Vulkan Arenal
lavaglühender Anfang des Verderbens
und Lebens
rotglühend Blöcke rauschen unweit nieder
mangomilchige Sonne hängt wie Blütenstaub
über den Abgründen
weit draußen Spektrum eines ewigen Bundes
und Lebensfarbene zerschneiden Urangst.

Im Nachtverborgenen leuchtet schon
ein mitgebrachter Ozean
ich flute San Carlos die Mittagsverworfene
die Wiege meiner Geliebten
unser Boot gleitet nach Delphi oder Santa Rosa
die See ist rau
Chorotega Flöte aus deiner Richtung
die Glut pazifischer Vulkane will ich ertragen
wie die Glut deiner Liebe
in ihrem Feuersturm neue Erde zeugen
und pflanzen
und kühlen
und bleiben.

Lange
und lange wird es schwülheiß regnen
über San Carlos.

Flores Latinas

Die Tage sind anders
als der Puls den wir kennen
zertretener Geschmack
kann Verschwundenes benennen.

Gerüche morbider
verströmen sich schneller
die Farben die Nächte
gleich seismische Schweller.

Die Gärten größer
und wilder zugleich
wie Durst und Liebe
und Regenhaut weich.

Verlangen dringt tiefer
lernt fliegen und wachen
dein Atem aus Ketten
lässt vogelfrei lachen.

Siegen wie besiegt zu werden
können deine Augen denken
schältest Krusten meiner Schmähung
zogst mich aufwärts zum Versenken.

Veränderung

Es gibt keinen Zweifel
Veränderung ist lästig
sie zwingt zum aufgeben
vertraut gewordener Lügen
und es kann vorkommen
dass die Tage lang
und übermäßig lästig werden
die Selbstgerechten scheuen sie
wie die Verworfenen sie lieben.

An einem Nachmittag
auf meiner tropischen Hazienda
die gelbtrübe Regensonne
begann schon zu schwitzen
und wurde an der Zeitlinie
vollendet müde
veränderte sich mein komprimiertes
Dschungelweltbild
ich genieße weil ich wieder atme
knisternd erheben sich Niederlagen
wie Frösche auf dem Fahrweg
mein gärendes Gewissen flüchtet
in die Umkehr statischer Reue
in der Stunde der Schildkröten
würde ein Rendezvous gut passen
wie ein Kolibri würde ich dich anfliegen
und nicht nur den Duft genießen
naschen an der lohnendsten Stelle
Briefe ändern nichts
sie sind wie wühlende Mehlwürmer
hinterlassen nur große Löcher.

Dann vollzieht sich der große Wechsel
wie Gefahr von entschärften Zeitbomben
die Schwellenangst der Unabhängigkeit
ist wie dein Büstenhalter
du wirst ihn aufmachen müssen
denn nichts verändern heißt
nicht mehr zu lieben
nicht mehr zu lieben heißt
sterben.

El Dorado

Das Schweigen ersetzt die Wirklichkeit
wie dein langes Haar
über meinem Gesicht
den Blick ungetrübt verengt.
Hier kämpfe ich mannhaft
und spreche gegen Mittag mit Hemingway.
Am Hellespont der Meinungen
wird die Unschuld belanglos salzig
wie Geständnisse am Totenbett.

Im Parkwald meiner Hazienda aus frühen Tagen
steht die Liebe nackt im Schatten
des verschlossenen Portons.
Unmäßig gewachsen aus den Säulen
dem Nichts eines nächtlichen Fieberwahns
überhangen von wuchernden Yuccas
im Goldland verschollener Jahrhunderte
gehen Körper und Blumenhändler
Hand in Hand.

Bin ich Darius jeden Morgen
Pythagoras an der Klingelwand der Ruine
mit der Macht meiner geladenen Mossberg
gieße ich andere Worte in Blei
nachdrücklich und mit keltischem Eindruck
um das Maß der Erde in deinem Namen
in heraufziehender Schwüle zu schmirgeln
unseren verworfenen Klostergarten
wie deine nackten Brüste zu verteidigen.
Vom Gewicht heraufziehender Hoffnung
presst der Pulsschlag mein Bewusstsein
uns beide zwischen Agaven der Lust.

Ich spüre keinen Atemzug
den ich für so bedeutungsschwer halte
wie dein letztes Keuchen in El Dorado.

Vor der Veranda Jagdszenen
deine Brüste schlagen jede Nachricht von außen
wunderschön üppig tot.
Hier krähen die Hähne anders
Genauso die Neuheit der Nachahmung
die Liebe hat zwei Leben wie tausend.
So kann ich der frühreifen Vergänglichkeit lachen
weil sich das Unbedingte deines Schoßes
im Natürlichen äußert
und enden wird im Unnatürlichen.
Mit weißen Kreidestücken zeichne ich
den Namen deines Körpers
auf unsere Privatstraße
wie die Nachricht eines Verdurstenden.

Jetzt ist alles still hinter Tassito
und den anderen Hunden
nur auf der Straße zum Berg rote Lichter.
Verzehrendes stumm zehrendes Schicksal
schamlos kann ich dich berühren
entdecke dich jede Nacht und jede Nacht neu
alle Nächte wie jede Nacht
jede Liebe wie alle Liebe ganz
geflutet bist du wirst du
aus dem Reisfeld keimen fruchtbar Schösslinge
aus deinem Schoß die Unerschöpflichkeit
obszön kreischend sortiert ein Ara die Nacht.

Schutz unter Wellblech und Orangen suchend
spreche ich schon das zweite Hundert
deines Namens aus schreiend flüsternd

schweige spreche trinke dich aus
Im Mysterium des Gewährenlassen
fliegt die Bedrohung auf
verkündet wird die Freiheit der Berührung.
Diese Goldader ist unerschöpflich
wie das Wippen deines schmalen Wellenbauches.
Mit dir will ich flüstern, flehen, beschwören
als Angeklagter, als Peon der Liebe
auf El Dorado das mir ferne leuchtet.

Nachdenken über die Trennung

Das Geheimnis des Augenblicks
ist der Tastsinn meiner Hände
wie die Kraft trunkener Jugend
aus ihrer Unwissenheit kommt.

Trauer ist wie Atmen keine Schwäche
Und Abschied gleicht dem fleckigen Tod
armselig ausgehaltne Sinnlosigkeit.
Das Geschrei des ablaufenden Windes
berührt mich zögernd wie in Zeitlupe
denn während ich vor nichts stehe
und die Botschaften von niemand höre
lese ich deine verdorbenen Linien leer.

Dabei bleibe ich gelegentlich stehen
verliere den Zusammenhang und liege
wie die verratenen Verse schadhaft
unleserlich wechselvoll unschlüssig tot.
Trennung ist wie losgeketteter Verrat
der Getrennte bin ich im Wasserflugzeug
über sonnenuntergegangener Stadt.

Augenblicke des Schreckens geronnen
zu heimtückisch wachsenden Zweifeln
an eine Wiederkehr von Tag und Nacht
Sehnsucht und Liebe
ohne Maß
ohne Zeit.

Zwischenspiel

Unter meinen gemäßigt extremen Dächern
zerbröckelten Termiten das Betonholz
zeitweilig konnte ich sie ruhigstellen
die Ruhe kam überraschend
ermattend wie donnernder Tunnel
im Hollandexpress.

Ich sprach mit Jahrhunderten
wechselte Blicke mit dir
während du lächelnd hinterrücks
die schmale Treppe hinunterstiegst.
Meine Traurigkeit floss über Stufen
glitzernde Kaskaden Zerstörung
Tropfen zerplatzend zerstäubend
gestrengtes Muster Perlenlüster
dann wie van Gogh gepinselt
schwarze Krähen
zerhackten meine Hand
von deinen eiskalt blau geküssten Lippen
las ich längst bezahlte Rechnungen
verkohlten langsam in der Hitze
meiner Hände.

Trennung ist wie Trugschluss
untrennbar Tag von Nacht
das Weiß von Schwarz
das Oben von Unten
und die Oberläufe der Flüsse
werden zu unterläufigen Strömen
sich erneuernd wie zu allen Zeiten
Uhren vergehen mit den Aufzeichnungen.
Vergänglichkeit ist am Ende

sichtbar durch Erinnerung
was du im ersten Kapitel liest
vom schlafenden Verlangen
ist eine doppelte Kehrseite
verdunstet aufgesogen trocken gefallen
denn während du unwissentlich wartest
erkläre ich vermeintliche Abschlüsse
zum überraschenden Zwischenspiel.

Wortlose Prüfung

Noch lange waren meine Gedanken
unter den Arkaden des Anfangs.
Als ich dich wieder küsste
mein Begehren gepflegt wurde
konnte niemand wissen wie bedrohlich
atemlos wir morgens und Tage vor
der Zeitenwende stehen würden.
Mein Lächeln glaubte sich zu erinnern
während deine Hände akademisch abwärts
gleitend über meine Haut streifend
den Orangenhain hinter der Sonne fand
und die Stärke aller ungesprochen Worte
wog.

Wortlose Prüfung glitt nach innen
löschte die Leere des Augenblicks.
Wie konnte dir entgehen wie gefährlich
mein Leben mit der Sorge ist
und warum sah ich nicht wie stark
dein lange ausgehauchter Gruß war.
Bin ich jede Nacht bei dir
oder hält unser Wissen wie Meeresgrund
unter Wellenbergen stumm und beredt
wie dahingeworfen war dein Haar
zu fragen schien mir keine Zeit
und Antwort nach der Lust ist keine
uns blieb nur sichre wortlose Prüfung.

Meine Kopfreisen

Vielleicht hab ich gewusst
dass meine schwarzen weißen Reisen
nach einzig süchtig Ziel und Dasein
sich strudelnd schneller in den Syphon
des sprachbewussten rauen Weisen
nach leeren Bechern Häme und Tragödie
ergießen wie geheilter Fieberwahn
in kühler Wärme deines eingeweihten Schoßes.

Wie ein Korsett aus abgefeilten Freudendornen
schnitt mir das Rätsel meiner Überlegung
tief in den Kopf und unentdecktes Land
gab mir das Echo meiner stummen Schreie.
Am Set verbotner Folter Körper wechseln pflücken
hielt wie gebuchter Schmerz zum quälen an.
Zum Zwang zu fliegen fand auf dieser Reise
das fahle Schweigen wie der unstillbare Durst.

Wo deine unentdeckte Trägheit tobte
war jeder Stuhl bedeutungslos
im Spiegel immer dieser ferne Kontinent
und fortgetragen Trennung geht in meine Wohnung
war wie Geruch und dein gewölbter Bauch
zehntausend Meilen tief vom Wunsch entfernt
ein Stück Bestimmung quoll herüber Wüste
jenseitiger Durst und immer trugen deine Betten
verlängerte Brautfarben
als Synthese eines stark gepressten Glücks.

Der flamboyante Abschluss eines späten Anfangs
war wie verhangne aufgezupfte Watte
noch eben Schatten abgebrochne Reisen

entdeckte Margeritenfelder
verzögert aufgereiht die Fährten der Verzauberung
im Sog der Tage schnell verdampft geschmolzen
der Zug der Sterne folgt den Feuerstraßen.

Auf denen reisen nur die Liebenden
im Kopf im Bauch und zweifellos geflügelt.

Erinnerung der Begehrlichkeit

Weit, weit, endgültig weit,
so weit, bis heute,
waren die endlosen, endlichen
Nachmittage in deinem vielpfotigen
verschlossen offenen Geheimnisschloss,
bis wir in mein Hafenhotel
rückkehrend ankamen.

Wie deine Katzen warst du,
neugierig, scheu,
mit schmalen Glitzeraugen
träge, hungrig,
von lasziver Gleichgültigkeit.
Mit emailliertem Fadenblick
fixierst du mich,
war ich der Fisch am Abend.

Ich ging,
kam wieder um zu gehen,
zu flüchten vor dem dunklen Wahn
der schmerzenden Begehrlichkeit,
zurückzukehren um zu fallen.
War wie ein Bergmann auf der Suche
nach Gold, die Strecke sah,
dem Schlagwetter trotzte
wie dem Wassereinbruch.
Eingestiegen,
abgestiegen,
aufgestiegen
zum Hellespont der Begehrlichkeit,
die Lichter der Berggeister angezündet.
Cherubs Rachegeflüster

war dir ein persischer Chorus,
am Steilufer unserer Gefühle
lagst du gern und hieltest meine Hand.

Gehn wir schlafen und verlachen
die, die uns weckten und Gewohnheit forderten.
Gewöhnen ist Tod.
Diese Rechnung wird noch ausgestellt.
Blindes Fleisch wird in der Morgenlähmung
verröcheln.

Der trauernde Spiegel

Wenn Einsamkeiten in die Ferne flattern
begleiten sie nur bittere Dämonen
mit Hüllen unentbehrlich entbehrlichen Staubes
Lügen inszenieren sich neodekadente
Kindheitserinnerungen als Brandreste
im Überschuss schweifender Heuchelei
warum ist mir dein Verstehen
wie der Schmerz meiner Geburt
wo blinde Zufälle Regel fürchten lehren
und vernetzte Träume zu Findelkindern
erinnerungsloser Legenden aufsteigen
im Fieber all der Ausweglosigkeiten
zu Scham erstarren
und ich erschöpfe mich in Schmähungen
als Weisheit aller Kraftanstrengungen
mich schmerzen die wechselnden Hospitäler
des fernen und geringen Zuspruchs
mit ihren toten Freunden pflegen Krähen
trostlosen Genuss
das bringt mich um alle Gelegenheiten.
Der Verfall der Liebe
macht auch vor den Lebenden nicht halt
die trügerischen Tafeln unserer Lust
sind überraschend abgedeckt
und klebrig trübsüße Reste
längst ausgehärteter Versöhnungskraft
ermüden mir den ungesteuerten Tastsinn.
Wo sind nun die spiegelnden Silhouetten
meiner mitunter atemlosen Geliebten
meiner unterhaltsamen Freunde geblieben
sie haben versäumt sich zu offenbaren
ich habe mich ihnen unverhältnismäßig genähert

und unerwartetes Verhängnis
hat den Lorbeerbusch gänzlich verbrannt
wo seid ihr so plötzlich Erleichterten.
Rudel hungriger Hunde ziehen herbei
mit bleckenden Lefzen über Moorgrün
du beobachtest meine entblößte Müdigkeit
und willst mich zum Selbstbetrug verführen
bereite mir keine Vergeltung
warte auf kein Zeichen von mir
glaube auch nicht länger an deinen Sieg
die aztekischen Götterbilder kenne ich
sie liegen über den Straßen deiner Stadt
allzu Vertrautes hatte man erdacht
doch niemals an das Bezahlen der Schatten
Sinnestäuschung hört aus der Erschöpfung
der trauernde Spiegel verdunkelt farblos
ehe er im aufschwellen Dampf
verzehrender Sehnsucht lautlos erblindet.

Isla Violin, Suroeste Costa Rica

In Jonathan die zeitlose Zeit des Paradieses
Tropfen Flaschenhals und Schlüssel der Erde
wie aus den Gräbern der Chorotega aufgestiegen
mit den verlockenden Cocoschalen der Maya
die köstlichste Form der Jungfrau
dargereicht zu befruchten und verewigen
Falten einer zarten Haut betasten.
Geheimnis des Genusses der Tiefe.
Das sind die Orte unnachgiebiger Anziehungskraft
aus denen ich betäubt und überwältigt
abgestempelt vergoldet zurückgekehrt
zu den vergrabenen Geistern der Liebe.

Überschwänglicher Ausbruch endet meist
in den Töpfen norddeutscher Küche
die Sonne brennt über zerschmettertem Ausbruch
heiß weht die Vergangenheit aus Panama herüber.
Solche Empfindungen sind wie Missstimmigkeiten
von tropischer Ausdauer der Lust betäubt
zurückgekehrt im Festkleid undeutlichen Gefühls.
Ich bin wie betrunken von den Rufen der Aras
und deinen bedingungslosen Schenkeln.
Meinen Schweiß kühle ich an den Abgründen
selbstgerechter Klagen aus dem Land der Barbaren
mein Trick ist wie die weiße Glut
der Schönheit deiner Schneckenmuschel.

Mein Dämmergewand und Raum auf der Isla bist du
die Abenddämmerung dient ausschließlich der Nacht
ist Vorbereitung bis an die Hochwassergrenze zu dir
wo sich geflämmte Augen endlich entblößen wie du
meine offene Hungerzone zuverlässig paralysieren.

Quellen die Aufzeichnungen zu Riss und Gehsteig
Bist du im Morgenlicht schöner als der Pazifik
der die Nacht berührt an den Enden erloschener Zeit.
Unbemessener Raum wie das Land der Feste
ob nun die nächtlichen Zorros mehr stinken
als mondverliebte Coyoten der Lust schreien?
Wer will das beurteilen?
In den Nächten giftsüßer Seifenblasen
unter Moskitonetzen und konvulsivischem Zucken
schlafloser Glücksträume gibt es nur hemmungslose
Erkenntnis des einzigen Namens: Querida.

wie tag und nacht
como el dia y la noche

der geist des mannes
el spiritu del hombre
gleicht sonnenlichtem tag
es como un dia soliado
der geist des weibes
el spiritu de la mujer
gleicht mondheller nacht
es como la noche claro sin luna

aber der trübste tag
pero el dia más turbio
ist heller als die hellste nacht
es más claro que la noche luminosa
und die hellste nacht
y la noche más luminosa
ist dunkler als der trübste tag
es más oscura que el dia más turbio

der tag macht das leben irdisch
el dia hace la vida más mundana
bringt dürre arbeit und hass
trae sequedad trabajo y odio
aber die nacht macht das leben himmlisch
pero la noche hace la vida angelical
bringt sehnsucht tau und liebe
trae deseo ardiente rocio y amor

Reconocer el Amor

So ganz überraschend kam es nicht,
Du hattest mich schon vor Jahren verraten,
Es war nur der Schlusspunkt, das andre Gesicht,
Zuletzt deinen Liebhaber übergebraten.

Das Lachen war mir gründlich vergangen,
Bei der Gelegenheit auch meine Habc.
Fast hätte ich mich aufgehangen;
Du schaufeltest weiter an meinem Grabe.

Alles Vertraute, die Tochter, der Hund,
Worte, Fragen, Briefe und Bitten,
Du hast geschwiegen, mir wurd es zu bunt,
Der Tode waren genug gelitten.

Genug auch der Rechtfertigungstiraden,
Der lange getrockneten Tränen,
Wir werden nicht mehr zusammen baden,
Die Reste fressen die Zeithyänen.

Über dem Meer schallte neues Lachen,
Die Nächte taugten nicht mehr zum trauern,
Ich packte die Reste der Siebensachen
Und flog nach CR zu den Bauern.

Gefunden

Oft durchstreifte ich die Höhen
War der Sonn zum greifen nah
und fast trunken von der Fülle
ich den Abgrund nicht mehr sah

Unangreifbar schien das Sein
klar und eben meine Bahn
meine Augen voll Vertrauen
blind versanden sie im Wahn

Von der Krankheit grad genesen
setzte ich beschwerlich fort
meine Suche nach dem Einen
Nach der Süße nach dem Ort

Wo ich finden könnt die Liebe
sie sich zeigt im milden Glanz
ihre Hand mir reicht und lächelt
und ich fallen könnte ganz

Manches Elend ging voraus
ebnete die Wege mir
führte mich durch Zeit und Tag
bis zu jenem bis zu dir

Und dann hab ich dich gefunden
all mein Glück in einem Nu
halt ich nun in meinen Händen
halte dich - mein Glück bist du

Was wie künstlich Licht erschien
sanft und ohne grelles Blenden

streifend mich wie absichtsvoll
doch dann nagend an den Lenden

Kaum erwarten kann seitdem
ich das Brennen deiner Küsse
deine Haut die Schlucht zu dir
Fast als ob ich sterben müsse

Epigramm für meine Geliebte

Lied aus meiner Sonnenbrust
gestimmt für deinen Pulsschlag
Wort und Laute aller Menschen
für die eine nur gesungen
vor dem Abend noch und frei
so war der Wandernde auf dem Weg
über Ozeane und Pisten
unter den Arkaden angekommen
im Licht die neue Welt betrachtet
war einzig neu dein Lächeln
vergeblich hatte ich danach gesucht
doch plötzlich warst du da
und morgens schon auf meinen Lippen
dein Lachen wie dein Bitten
das Zeichen dich zu kennen
zu wissen ohne dass ich wusste.

Und verschloss die Augen wieder
die ich weit geöffnet hielt
weil kein Anfang ohne Ende
und doch Freuden der Genesung
aus einem andren Ende
und neue Tränen sah ich staunend
Tugendschmerz vor zu viel Glück
auf deiner Straße übers Meer
nahm ich den Windhauch mit
die Ahnung einer Fremdheit
vor brennender Vertrautheit.

Der Traum aus Santa Rosa war erfüllt
und deine Liebe legt sich zeitlich
über meinen Schatten

war täuschend echt der Ort
an dem ich leben kann.
Als dieser Zyklus sich dem Ende neigt
war da nur Sterben, Krieg
und triste Flucht
so hoch mein Schmerz
auf Säulen dieses Traumes ragte
kann nur die Röte deiner Scham
ihn auf der höchsten Welle übertreffen.

Gleichmütige Zeitreisen

In den vertrockneten Gärten verbargen sich einst
Reste der überirdischen Stadt
und in der Luft sollte man zwischen den Vögeln
erkennen
noch einen kleinen Hauch
der langsamen Unersättlichkeit
und eines mütterlichen Schweigens wie Antigua.
Hier ist sie dem lockenden Meer entstiegen
und zu dem fliehenden
ehrgeizig schwerlosen Lidschlag
des Augenblicks geeilt
die Freunde verlassen
der entsprungenen Sonne zugeneigt
den zerstörerischen Kräften mit einem
si quiero-ja ich will geräuschvoll entkommen.

Mit meinem Arm habe ich sehnsüchtig gehalten
und getragen ihre schlichte schwebende Zeit
umfangen wie deinen Leib
die Nacht und unsre Wirklichkeit der Liebe.
Deine Lippen bewegten sanft das berührte Fleisch
das im Wind gleichmütiger Zeitreisen
dahingeht wie alle Gesten und Schreie im
verschwitzten Tunnel vollkommener Liebe.

In der Kälte will ich trotzdem bewahren
den letzten Schlaf letzten Geruch
bewege deine Worte die sich immer
und doch nie wiederholen
zeichne Konturen einer letzten
gültig ewigen Liebe nach
und schließe leise diese Tür

durch die das alles kam
und alles gehen wird
wie Ferne aus der Nähe kommt
wie Friede aus verwischtem Streit
als lautloser Glanz in deinen Augen
Sekundenbruchteil einer Ewigkeit
und dann erblindet nur um weiter sehen
besser sterben.

So endet Liebe so beginnt
So wird dein Leib verschwinden
das Kind hat seine Kleider satt
und flieht vor eigenem Erschrecken
mit deiner Brust unter dem Mond allein
das Schweigen konnte ich verstehen
die Worte nicht.
Lautlos entströmten Narden meinem Puls
und ich begann mich zu entkleiden
es war als hätten wir den Tod
vor lauter Leben schon vergessen
weil nur lautlose Stille
unsre nackte Haut bedeckte
wie göttlich Hauch
der fließend über Abgrund trägt
komm mit mir meine Tochter
vergnügte und geliebte Ruderin
du hörst das Wasser zwischen allen Bäumen
und kennst die Wogen meiner Texte.

Erst wenn sie entsprungen sind
du erwachst die Arme kraftlos werden
Vertrauen und Vergessen weißglühend verschmelzen
wird Sturm die Nebel der Sehnsucht
und der verlorenen Ziele
aufreißen wie Brandung den Schaum.

An diesem Tag wird aus dem Fischauge
weitaufgerissenen Gleichmuts
das Lachen herausfallen die Haut gestrafft
ein tüchtiges Stück Arbeit für meine Lenden.
Die Gleichmütigkeit des Zeitreisenden
wird mit dem ersten Eindringen Illusion
zum Leben unterbrochen
zum Leben auf Zeit.

Liebesbrief

Während ich im weiten Blau
Des Himmels heimwärts fliege,
spüre ich noch sehr genau
Kraft und Wärme deiner Liebe,
Zärtlichkeit und dein Begehren
deinen letzten Kuss am Gate,
davon werde ich noch zehren
wenn ich angekommen spät.
Seh dein Glück noch, deine Tränen,
fühl dein völliges Verstehn,
muss nicht ahnen oder wähnen
wenn es Zeit wird fort zu gehn,
dass du mir geborgen bleibst
dass die Sehnsucht sich verbindet,
weiß, dass du mir Briefe schreibst,
dein Begehren niemals schwindet.

Sicher werd ich nicht beklagen
weil du fern bist eine Zeit,
denn das wollte ich dir sagen:
abwesend ist doch nur was weit,
doch Glück und Liebe bleiben mir,
ganz nahe, Tag und Stunde,
ist deine Gegenwart in mir,
nur unsre Sehnsucht macht die Runde,
wohnt dort und ist zugleich auch hier.
Was wäre, wenn sie enden würde,
wenn diese Sehnsucht sich erfüllt,
du bei mir wärst, ganz ohne Bürde
für Ewigkeiten eingehüllt?
Hieß: keine Sehnsucht nicht zugleich
sie wäre abgeschafft,

macht was nicht da, nicht wen´ger reich?

Nein, unsern Reichtum will ich wahren,
erfüllte Sehnsucht schafft sich ab,
das brennendste Gefühl der klaren
Liebe würde knapp.
Ich spür und fühl dich alle Tage,
ich liebe dich so sehr,
verzehre mich ganz ohne Frage,
nach dir, nach unsrem Liebesmeer.

Versprechen

Freitagmittag
in San José
traf ich dich zum ersten Mal.
Himmel tiefblau,
Wolken wie Schnee,
Augen, Haare und Lenden schwarzschmal.

Lächelnde Blicke, geheimes Versprechen
und ewig lockendes Bauchgefühl.
Das wird,
vielleicht, oder nicht, oder gleich
ein zögerndes „Hola, que quieres conmigo?"
Da war ich schon dein besondrer Amigo.

Dann Worte, Nähe, Berührung, Küsse,
die Straßen,
die Bäume begannen zu glänzen
und noch in derselben tropischen Nacht
haben wir uns zusammengelacht.

Zyklus Westzeiten

Jene Zeiten: Oh wie war ich Eines,
nichts was rief und nichts was mich verriet;
meine Stille war wie eines Steines,
über den der Bach sein Murmeln zieht.

Aber jetzt in diesen Frühlingswochen
hat mich etwas langsam abgebrochen
von dem unbewussten dunklen Jahr.
Etwas hat mein armes warmes Leben
irgendeinem in die Hand gegeben,
der nicht weiß was ich noch gestern war.

Rainer Maria Rilke

Lebensreise

Weil dem Verständnislosen
Sterblichen
Liebenden
Dem in gleichmäßiger Dunkelheit
Des Dickichts
Gesetzmäßiger Gesetzlosigkeit
Die Last der Freude
Wie ein Kuli schwitzend
Beständig niederdrückt
Und ausgestreckte Hände
Von Geburt nach oben greifen
Dem lichtentwöhnten Auge
Fahl der Finger Schatten folgt
Tonlos über unverrückbar
Doch ständig gleitend Steine
Unmerklich abwärts steigt
Vom Nägelbrechen nur begleitet
An Grenzen sichren Halt
Vergebens sucht
Kann sorglos nur zurück erkennen
Denn Tod ist aller Weihe Mühe
Wie des Begehrten Einzigartigen

In Steppen
Der Beziehungslosigkeit
Streift dieser Arm gelegentlich
Tentakel jener einen
Gleichmütig wachen Ewigkeit
Die brennend gleich im Meer
Verkühlter Weite unsichtbar
Vernichtend gleich dem glühend Magma
Umschlingt wie stählern Faden
Den Augenblick gerinnen lässt

Ergreift
Nach jenes Pulsschlags Zittern
Der Reise Halt und Endlichkeit
Erstickt tonlose Ängste
Und pendelt schwingend himmelweit
Wie hochgerissen durch Titanen
Wo doch nur Wissen um ein Wollen
Und ein vermutetes Erwachen
Ihn endlich lieben lässt
Erfüllt von Frieden ganz
Sein hinterlassnes Leben bleibt
Wie hinterlassne Liebe

ausgehärtete hoffnung

noch immer windet sich
der jordan
mäanderhaft vom hermon
und wieder durch den sog
der trägen täler galiläas
abseits von kapernaum
an pinien
trockenwäldern eng vorbei
in den genezareth
wo fischerboote wie gelähmt
vom blei der netze
auf den nachttag warten.

nicht heilend mehr
wie zu der aramäer hoffnung
und doch dem kibbuz
lebend näher
auch wird nicht mehr getauft
in seinem bett
sind wechselnde begleiter
und eine brücke führt nach nazareth
in galilea.

und so fließt seine träge
starke strömung
ganz tief herunter
bis ins tote meer
erstarrend langsam
schmerzhaft bitter werdend
zu weißen blöcken salz
als harter
ausgehärteter hoffnung
auf frieden.

Meine Toten

Meine toten Freunde
haben mich in Bewegung gehalten.
Sie sind mir noch oftmals sehr nahe
und lange nicht mehr die alten.

Meine toten Geliebten
kleben wie Ruß am offenen Licht.
Den kann man am Backofen bemerken
den Kuchen beeinträchtigt er nicht.

Mein toter Vater
hat es nicht mehr geschafft.
Der Starrsinn blieb bis zum Ende
hat manchen dahingerafft.

Mein toter Bruder
hat mich korrekt verschwiegen.
Er krankte an mangelnder Vorstellungskraft,
daran ist er später verschieden.

Meine tote Frau
die den Verrat wie Treue hegte,
hatte die Tugend auch nicht gepachtet.
Ich weiß nicht was sie sonst noch bewegte.

Mein toter Hund
gab mir unzweifelhaft
die ehrlichsten aller Gefühle.
Zu früh und zu fern wurd er hingerafft.

Meine anderen Toten
verblichen ganz insgeheim.

Ihre Gräber schmückt das Vergessen,
ihre Masken waren mir Pein

Noch einen Toten mag ich erwähnen,
der leider an seinen Lügen verschied.
Der Freiheitskämpfer nicht ehrte
Mein Land - mit dem falschen Lied.

Und einige sind schon nicht mehr,
die anderen aber sind fern.
       Alexander Puschkin

Epigramm

Und Heimat welchen Ort erklärst du
Der ersten Liebe oder ersten Wunden
Ich kenne lange viele Freunde
Sie waren es und sind verschwunden.

Manche schworen Lieb und Treue
Und andre Sachen theatralisch
Worte ohne Zeit und Stunden
Nichts geschah, nichts solidarisch.

Worüber können Masken lachen
Warum verhallen Hammerschläge
Die fadenscheinige Verbannung
Besingt Verlorenes nur träge.
Die schönen Tage in Aranjuez
Sind nun zu Ende.

In ein Margeritenfeld

In ein Margeritenfeld
Möchte ich dich legen
Blüten Himmel Duft und Stille
Weiß ich dass es dir gefällt
Schon der Liebe wegen
Vor dem nächsten Regen
Bist du Haut und ganze Welt
Und mir fehlt der Wille.

Eine April-Liebe

In den Kirschblüten verwunderten
sich deine kleinen Schreie
deshalb fielen sie als Worte
aus deinen Haaren.

Berge begrenzten keine Brücke
flossen der Suchenden
zum Schutz entgegen
und weit hinter roten Vögeln
berührte die Tugend deine Brust
und lieben
und lieben.

Im April blüht immer
und Flügel rauschten mit
der Lust
du hast mich gesehen
erkennen heißt zaubern
aber nehmen auch
über listige Zehenspitzen
nicht weinen
berühre ich deine Haut
weckt mich nur die Nacht
und da war noch immer
eine Liebe
eine April-Liebe.

Schwarzer Schnee

Schwarzer Schnee
in schwarzer Zeit
Zukunft in Vergangenheit
steile Spiegelstufen
in die Ewigkeit.

Manche Zeit herabgestiegen
atemlos beschwert
wird das Eis verfliegen
wird die Zeit besiegen
und die Augen weit.

Vergewaltigung und Krieg
deutsche Sprache
deutsche Lieb
Trockenblut noch abgefüllt
durchfärbt den neuen Kauf
führt den tücken Messerhieb.

Ich warte im Nebengebäude
Trauer und Freud im Handschuhfach
ich schreie vor Freude
und schweige in Trauer
und liege hinter den Stelzen
neben der hingerichteten Zeit
schwarzer Schnee kann nicht schmelzen.

Dialog

Ich habe heute Lust mit dir zu sprechen
will dein Verstehen in den Augen
mir entgegenzittern sehn.

Doch das vermindert nicht die Eintönigkeit
des Dialogs mit dir
obwohl du mir nichts schuldig bleibst.

Die Lagerhäuser der Fremdheit und Vertraulichkeit
besitzen noch die gleiche Durchlässigkeit
und die Verkrümmung des Wegs
erscheint uns wohlbekannt
ich halte schwer auseinander
was Land was Wasser was Geruch ist
aber nie habe ich den Sauerteig verworfen
der im Schlagfeuer des Ofens
unsre Geschmacksnerven reizt
Großbäckereien verachte ich.

Ich besaß viele Speisekarten
mit bitter gedruckt schmeckenden Menüs
wer kann schon so schnell
und hochglanzbeworben so viel essen
mit meiner monologischen Wassersuppenkraft
verlor ich zusehends an Stärke.

Nein
cuisine essen und sonnenbaden will ich nicht
die Lebensmittelfarbe verdeckt
was das Make-up verspricht
sprich lieber mit mir
ganz leise

auf den Punkt geröstet und gebracht
das ernährt seinen Mann.

Aus einem fernen Land

Du bist die Brücke
das Trocken unter den Füßen
der abgehangene Trauermantel
in südlicher Eiszeit
durch deinen Leib
laufen die Ziffern meiner Wahrheit
wie Hieroglyphen
ich möchte dir vorlesen
wenn du oben bist
auf meiner abgehangenen Hazienda
bis die Zeilen der Erinnrung verschwimmen
dort habe ich alles Verborgene verwahrt
ab und zu erzähle ich meinen Palmblättern
von Operationen und Skorpionen
sie fächeln mich müde
die vergessene Wärme
verschäumt mit dem Meer.

Selbst blühende Gitter
halten mich fest
bannen und atmen und lähmen
aber nachts
stehle ich mich durch die Welt
noch einmal zu dir.

Viele kommen mit fremden Gesichtern
seltsam gierigen Augen herein
und ihre Schritte hallen
lautlos schmerzend in engen Korridoren
längst bist du ohne Namen
doch der einzige Spiegel zeigt dein Bild
beständig wird mir der Mantel schwer

zieht mich hinab
Schloss und Kreuzung der Straße nach Ägypten.

Die Belagerung hält an
unterdes möchte ich das Geheimnis
des schmerzlosen Schlafes wissen
und warum sind deine Hände gesprungen
und warum fliegt der Staub deiner Schritte
in den ausgetrockneten Fluss
meine köstlich schweigende Tochter.

Ruhe dich aus Nathalie
die Zeit geht sehr eilig fort
und bis du Asche ausbreitest
ist mein Atem verbrannt
mein Wort liegt auf deinem Scheitel
schwer und nicht spürbar
für dich
Wirklichkeit sind die gewesenen Tage
des Erlebens der Gegenwart
Vergangenheit ist niemals vergangen
die Zukunft war gestern
und die Unschuld des Nichtwissens
bleibt eine eingeschmolzene
Schimäre.

Niemals habe ich dich verlassen
nicht nahe
nicht im fernen Land
denn jede Nacht frage ich dich
nach dem Wahrzeichen der Schlange
die ich achte
die ich liebe
die ich verachte

Unvermögen ist das Kennzeichen
des Schwachen
des Verlassenen
der Verlassenen
verlasse dein Leben nicht
verlasse deine Vergangenheit nicht
verlasse dich nicht
verlasse mich nicht
und suche mich
im fernen Land

Liebe

Liebe
waren deine Worte
und flogen auf
mit den Zugvögeln
nach Süden.

Als sie zurückkamen
war die Sonne schwarz
und die Worte
fielen herab
auf eine rote Erde.

Und Liebe
auf einem weiten Weg
bewahrt
griff mit Wurzeln
in die Ewigkeit.

Dante

Er flog nicht nach Feuerland
studierte nicht Rechtswissenschaft
obwohl er dabei viel
von der Hölle hätte lernen können.

In Wirklichkeit wusste er nichts
von infernalischen Abgründen
wie die Wissenschaft vom Recht
beide sind ernsthafte Dilettanten.

Von Anfang an

Noch ehe berühmte Leute
den Beginn der Sonne errechneten
warst du für mich bestimmt.

Noch ehe der Einzeller
die Feuchtigkeit des Grundes ertastete
gehörte ich zu dir.

Noch ehe die Buchstaben deines Namens
die Stille unterbrachen
warst du schon mein

Noch ehe dein Hass gezeugt
warst du die Tochter der Liebe
verdanktest dein Leben mir.

Noch ehe die Nacht vergangen
die Zeiten schweigend vergehn
bleibt diese Wahrheit bestehn.

Laodizäa

Wenn der Regen auf meinen Lippen
mir Angst macht
die Sonne auf meiner Haut
den Tod bringt
und Tiere im Sekundentakt
auf dem Gieraltar der Fresslust
gemordet
wenn die Mittagssonne
nicht mehr den Grund
toter Flüsse erreicht
und in freundlich gekachelten Labors
Affen Katzen Hunde
und andere Freunde des Lichtes
ihr Leben nach der Fortschrittsfolter
für gedankenlose Eitelkeiten
des abendlichen Auftriebs
hilflos stimmlos verröcheln
die elegante Seemöwe
mit ihren Schwestern
im Giftölwasser
lähmend langsam stirbt
wenn auch die Tanne
Schatten nicht mehr wirft
und Regenwälder
für Einbauküchen in Kentucky fallen
das Robbenbaby sterbend
unter Knüppeln nach der Mutter schreit
für den Gewinn auf welker weißer Haut
wenn selbst der Tod sich gnädiger
als Mensch zeigt
und Glaube nur noch Aberglaube
und Pole schmelzen wie Neutronen

Fragen ohne Antwort bleiben
Rating statt Zukunft
ist eines seit zweitausend Jahren
sicher:
letzte Zeit
Laodizäa.

Der Faktor Z

Nein
Es stimmt nicht
Dass die Zeit fließt
sich selbst
und uns verändert
andauernd mahnend
sich in der Zeitlichkeit
erneuernd
dadurch
dass sie vergessen
oder eilen lässt
und so zum Faktor
alles Lebens wird.

Für mich
blieb sie stehen
unverändert
unwiderruflich
steingewordener Moment
beingewordenes Glück
Stillstand aller Zeiten
wie gefrorener Atem
still
Stille
an dem Tag
an dem du sagtest
mir zugewandt
ich liebe dich.

Abzählvers

Zukunft	reift
Freund	begreift
Frau	versteht
Feind	überlebt
Zeit	vergeht
Glück	verfliegt
Leid	betrübt
Glaube	bleibt
Zweifel	zerstreut
Wahrheit	schweigt
Lüge	reibt
Hass	zerstört
Rache	verdammt
Krieg	verheert
Hoffnung	beginnt
Gewalt	vermehrt
Erkenntnis	beschreibt
Freiheit	befreit
Leben	erfährt
Tod	verstört
Wissen	irrt
Verrat	entehrt
Recht	verwirrt
Treue	verzehrt
Liebe	verzeiht
Bist du	bereit?

Wunderbare Landschaft

Als ich heute morgen nach traumloser Nacht
erwachte, war sie wieder da, meine alte Frage.
Sie wacht mit mir auf, ich muss sie nicht wecken.
Wo ist die Wunschlandschaft meiner Jahre?
Wohin ging der Strom unsäglich lebendiger Klage,
der sich durch die Zeiten meiner Behutsamkeit
festfraß?
War er noch nicht in der Unendlichkeit des Seins
angekommen?
Ich habe die Erinnerung als meinen Gast empfangen,
aber sie wollte sich nicht an meinen Tisch setzen,
auch nichts von meinem atemraubenden Klagekuchen
essen.
Keine Zeit hatte sie, immer nur keine Zeit,
war sprachlos.

Sollte doch enden am Beginn des erwarteten Tages.
Man soll nicht glauben sie wüsste es besser,
nur weil sie Vorbehalte eilig beurteilen konnte.
Um so zu werden braucht man gewölbte Spiegel
die täuschen.
Täuschung, die Begeisterung ohne Bewusstsein.

Die Irrtümer meiner Vorstellung sind Flüge nach dort.
Deine Straßen sind voller Paradiese und Kurven,
auch wenn sie mit betriebsamer Leere überraschend
zu schneller Fahrt und glücklicher Reise einladen.
Glaube nicht ich hätte mich verlaufen.
Schließlich gab es da Brücken vor der Nacht.
Kreuzungen sind keine Entscheidungen vor Horizonten,
wozu will ich immer noch anspruchsvoll singen.
Doch wenn der Wunsch dorthin sehr abgelegen scheint,

will ich mich aufmachen im treibenden Einbaum,
sogleich mich erhebend in diese Richtung tatsächlich.
Nichts erregt mich mehr
und vor mir endlich wunderbare Landschaft.

Kunst

Alle Kunst steht auf natürlichem Boden.
Auf künstlichem Boden wächst keine Kunst.

Danach

Mensch, du solltest wohl bedenken,
wer dich heut wird, morgen lenken,
wenn die Tat, dein Sein und Denken
endet, wenn sie in die Gruft dich senken.

Nachdenken über R.S.

Warum Geliebte denk ich dein
und kann dich nicht mehr lassen
kann keinen Tag zufrieden sein
und möchte dich umfassen
Schon steigen bunte Vögel auf
es will mir noch nicht glücken
in meiner Tage Schattenlauf
lebst du in Traumesstücken.

Licht und Liebe

Licht ist Liebe
Liebe Licht.
Wenn das nicht bliebe
Wär Liebe nicht.

Liebende

Uns war das Schweigen
Mitten im Reden
Lautstärker als die Nacht.
Die stumme Ewigkeit
Wird es beredsam wiederholen.

Schwarzer Falke

Ach wären dein Gefieder
Schwarzer Falke
Stolz und Krallen
Geschärfter Blick aus Höhen
Unerreichter Sicherheit
Doch weiß und weich geblieben.

Die genaue Härte deiner Waffe
Schnäbelnd platt
Auf stillem Wasser
Nur verworfne Krumen
Mitleidiger Sicherheit geschluckt.
Du könntest sie ruhig genießen.
Aber von unten.

Gesetzmäßigkeiten

Gleich wie Hero und Leander
Roter Fingerhut
Wie sich spreizender Mäander
Deines Bildes dunkler Glut
Setz ich Zeichen meiner Braut.

Nicht im wilden Durcheinander
Im verschlungnen Übermaß
Wie gezackter Koriander
Oder Zickzack wie ein Has
Rauscht dein Nektar gleich dem Regen.

Seltsam leise klingend laut
Liebesbecher aufgetragen
Zahl ich gleich die feste Maut
Ohne dich danach zu fragen
Dass Erfüllung sich vermehrt.

Rot Lügentropfen sind das Muss
Mischen sich sofort
Im sehnsuchtsvollen Liebeskuss
Im gleichen Bett am selben Ort
Spiegelt sich des Bildes Sinn.

Frag Dich ob wir sind ich bin
Nicht nur Haut der Schlange
Dräng ich gierig zu dir hin
Wartest du schon lange
Fauchend atemloses Wollen.

Muss ich wie ein Flüchtender
Offenes Verlangen zeigen
Oder soll ich nüchterner
Etüden unsrer Liebe geigen
Seltene Trophäen pflegen?

Ich wusste beim Berühren schon
Deiner Haut der weichen
Dass ich hebe auf den Thron
Nur dich zum Unvergleichen
Zum Lesen steig ich aus der Grube.

Paart Liebe baldigst sich Verrat
Verstohlen oder offen
Trinkt Ziegenmilch wer Bauernweiber paart
Und kann der sammeln rösten kochen?
Die süße Seele einer Frau entblößen.

Zum Ufer fließ noch alles Treiben
Liebe ist wie Honigwabe
gepaart mit Sanftheit tanzend reiben
sich Liebende an dieser Gabe
Die Inbrunst ist wie unser Schmerz Gesetz.

Über der Kälte

Derweil
Mein Geliebter
Im dissonanten Winter
Sternenlos übernachtet
Rissiges Eis vor der Zeit
Glotzen uns tote Hyänen
Ohne Angst traurig herüber
Möchten eigene Brut sattsam fressen
Gleiches Blut verlieren.
Wirf mir ein Salzlicht nach
Einen Jagdruf von draußen
Und nimm meine jährliche Müdigkeit
Gegen den Abend heraus.

Die knöchernen Schwingen
Über der Kälte zerlegen wie
In Zementbetonstahl gießen
Wo Beschützer herrlich langsam
Lautlos ersticken
Aber manche viel hocken oben
In den Spitzen ihrer Trauerästen
Schweigen blecken und doch schlecken
Sie mit reifbedecktem blöden Grinsen
Ihre Mehlsuppen.
Ihre Truppen
Lauern weiter stier.
Tauche endlich reiherschreiig
Zu den wildesten Korallenbänken
Fülle deinen Mund
Geliebte
Mit ungenetzten Tropenfischen satt
Damit du für mich stark wirst
Widerstehst.

Schwarzer Vogel

Schwarzer Vogel stumm
Stieß durch Wolken schneidend
Trunken
Nach dem Höhenflug
Nicht erdwärts irrend
Zielgenau
Strebend auf das große Feuer
Lichtpunkt über Feld und Forst
Möglichkeit zur Landung
Wägend
Große Kreise schneller enger
Gleitend unabänderlich
Taumelnd stürzend
Sog der Flamme
Gefacht von Schwingen Wind
Wie mörderische Glut
Abriss des Auftriebs an den Flächen
Prasselnd
Und Entsetzen an der Feder Lohe
Kohlend brennend
Schwingen knirschend brachen
Schwarzer Vogel schrie
Krallend bohrend
Todeskampf
Trommelfeuer wild verzehrend
Letzte Lohe über Leben.

Aufflogen Raben schreiend
Im Widerschein der gieren Glut
Ungläubig kreisend über Ort
Ihr hämes ungeteiltes Krächzen
Wehklagend

Siegestoll.

Schwarzer Vogel Glutvermehrer
Nachtblind lichtblind hoffnungsvoll
Raben scharren in der Asche
Mit geschärftem Blick
Schwarzer Bruder ist wie Rauch
Aus den toten grauen Resten
Eine Botschaft quillt.

Yin und Yang

Yin bringt dunkle Kräfte mir
Wenn die Tage sonnenschwer
Yang bin ich am Tage dir
Unsre männlich Nacht nicht leer.

Yin und Yang verbunden Pole
Auftrag Sinn berechtigt Sein
Schlüssel eingepresst wie Kohle
Wunder werden mein und dein.

Yin und Yang und Sonne Regen
Lebenserden früchtig nass
Wachsen miteinander gegen
Trockenliebe Trockengras.

Yin und Yang wie dunkel hell
Empfinden heilen Ewigkeit
Schöpfend Geist gewinnen schnell
In dieser wiederholten Zeit.

Herr B. und die Wahrheit

An seinem Schreibtisch im Büro
vor Akten, Kaffee, Telefon,
und Bildern von der Frau mit Sohn
saß einst Herr B. vor Protokollen
über ein Geschäfts-Depot
dem böse Menschen Übles wollen.

Herr B., beruflich Wahrheitspfleger,
geht der Sache auf den Grund,
als Gesetz und Rechteheger
kommt er schnell zu dem Befund:
der flugs benannte Delinquent
wird rechtspositiv zum Kontrahent.

Als Staatsanwalt weiß er genau,
dass Wahrheit A ist und auch O,
das sagte ihm schon seine Frau,
wenn er mal später kommt und so.
Die Wahrheit, weiß Herr B. seitdem,
kommt meistens aus dem EDV-System.

Eines Tages, kurz vor Schicht,
klingelt lang sein Telefon.
Er nimmt den Hörer ab aus Pflicht
und eine Stimme, die betört,
„hier ist die Wahrheit" zu ihm spricht.
Herr B. erstarrt, glaubt sich verhört.

Doch nach dem Schreck errötet er,
kann dieses Glück kaum fassen,
sein Puls rast schnell, er atmet schwer
Die Wahrheit macht ihn ausgelassen.

Er fasst sich, redet, redet so daher
wie lang er sucht, wie sehr sie sein Begehr.

Laut preist er ihre Wohlgestalt,
rühmt ihre Tugend, sie müsse ihn hören,
er spricht von Recht und von Gewalt
die daraus folgt, sie solle ihn besuchen,
er schmeichelt, lockt, will sie betören
und bietet Kaffee an mit Kuchen.

Ein Lächeln huscht über ernste Züge.
Und im Erguss der größten Gefühle
will er sie lieben (doch das ist nur Lüge).
Er will sie treffen, gleich hier trotz der Kühle.
Herr B. ist am Ende und lächelt beseelt.
"Entschuldigung", meldet sich endlich die Wahrheit,
"Ich habe mich wohl verwählt."

Physikalische Entleerung

Rote Liebe
Rote Treue
Aufgezogen über Tag und Nacht
An den Wänden Unverstand
Herumgebogen aufgerichtet
Aufgelesen aufgeschrieben
Bewiesen beliebt
Zusammen geweint
Dezennien gelebt geliebt
Wie Wasser und Feuer
Und Nacht und Tag

Grüne Liebe
Grüne Reue
Eingebundener Verrat
Taugliches erinnern fürchten
Verkleiden verletzen verlieren
Den Dolche gewählt benutzt
Vergessen verleumden verklagen
Die bittren Worte ausgespieen
Noch sterbend beschworen
Wie lebend versprochen
Es bleibt der Gedanke
Als Versprechen der Liebe

Die Lust und der Glaube getäuscht
Und Liebe Vertrauen Augen
Verrat zersetzt erst die Milch
Das Leben die Worte die Seele
Zersäuert verhärtet vergiftet
Fällt schwer und versperrt die Krypta
Gewesener entwerteter Lust

Mit physikalischer Gesetzmäßigkeit
Entleert sich lebloses Fleisch

Unsre Zeit

Genug gelitten,
zu wenig gestritten,
zu viel gelacht
und dabei gedacht,
dass alles so bleibt,
die Zeit sich verschreibt,
zum Schluss erkannt,
sie ist weggerannt.

Und kommt doch wieder,
singt neue Lieder,
lacht, weint, ist präsent,
und ist, und bleibt
wie jeder sie kennt:
ein flüchtiger Moment,
voll Freude und Nähe,
als wenn ich Liebe sähe.

Eine Zeit

Eine Zeit
Eine Zeit zu reden
Eine Zeit zu tun
Eine Zeit erleben
Auszuruhn.

Eine Zeit verbinden
Eine Zeit erklären
Eine Zeit beleben
Zeiten wären.

Eine Zeit von dir
Ist wie alle Zeiten
Eine Zeit mit dir
Ewigkeiten.

Erwartung der Müdigkeit

Wenn ich mich ausgezogen
Hinter unwiderstehlichen Türmen
Wohlhabender Bedeutungslosigkeit
Erschrecke
Bin ich gewahr
Des fraglos erbitterten
Unerbittlichen Zustands
Deines dröhnenden Atems
Der mir keine Zeit lässt
Funktionen des Friedens
Oder Wachseins zu vergleichen.

Wo das Fressen hinstrebt
Mit gleichbleibend schöner
Fraglosigkeit ohne Erleuchtung
Wirken alle Einwände
Wie herabstürzendes Eis
Langsam rosten die Wecker
Neben den Karrieren der Prinzipien
Massakrierte Gelegenheiten
Greifen in die Konjunktur
Der schiefen Ebene
Ob das würgende Wagnis
Ebenso schutzwürdig wie Versprechen
Ergebnisse bringt
Mag man angesichts schäumender
Wie artistischer Zusammenhänge
Bezweifeln.

Die geplanten Versuche
Eines gleichbleibenden Vertrauens
Enden wie ausgestreckte Arme
In Erwartung der Müdigkeit.

Verabschiedung der Liebe

Warum du nur so schweigsam
meine Anbetung ertragen hast
konnte ich nicht erfahren,
denn die Mitteilung aus den gefluteten
Rattenlöchern des lächelnden Wortbruchs
war wie die nebligen Placebos der Lust,
anscheinend und unwirksam.
Die Lust am Zerstören ging dich zu sehen
und schneller warst du herabgezogen
zu geifernder Lächerlichkeit
als der feste Zement unsres Hause zerbröckelt.

Auf den Friedhöfen der Untreue
gießt du wuchernde Hecken der Trennung
und wartest ab,
wie mein Schatten in den Weiten gefriert,
ob bittere Rezepte die neue Küche erreichen
wird nach dem Essen entschieden.
Jeder weiß das offene Fenster
den Frost und Geraschel der Schritte verstärken,
auch ist der Eindringling dankbar
wenn die Vorsicht aus schwarzen Wurzeln
ihr Leichenwasser zieht
und über geraubten Marmorsäulen
aus Gilgameschs Reich kichert.

Bronzen sind tot
wie vorangegangenes Leben,
am fliegenden Frosch freut sich der Storch,
doch manche halten zerbröselnden Rost
für impressionistische Eisenoxydkunst.
Die zerschnittenen Vorhänge taugen nicht

zum Verhüllen verlassener Katzenengel,
warum soll das Wiedererspüren der Liebe
unter dem zurückgelassenen Ascheregen
mein Vergessen weiten?
Dein Leib wird verwesen
noch ehe du gestorben bist,
versunken in mir und begraben.
Die Nacht ist gekommen,
du bist verweht vom Aufbruch
wie deine Stimme und gehst
und fließt teilnahmslos in den Styx.

Mariposa

Als man dich in den Schatten legte,
sicher vor wimmelnden Verfolgern,
in die Agonie
einer stürmischen Zeitmühle,
erstarrt, verstummt,
wie bittre Luft der Verbannung,
war der Reigen um Mitternacht
beendet.

Doch du lebtest
Und wurdest lebend zurückgelassen,
mit einer kaum spürbaren,
drängenden Botschaft
in der die Sinnlosigkeit der Stille
scheinbar atemlos unbewacht
zur perfekten Täuschung gerann.

Schau nicht auf die Uhr
und trinke die Zeit.
Verächtliche Blicke wie Verleumdung,
geraschelter Liebesstaub,
wie eine Handvoll Unsterblichkeit
vor der zerstörten Brücke.
Der Tag
an dem du zurückkehrtest
nahm dich nicht wahr,
die Hülle deines Schicksals fiel
wie Gewebe der Vergangenheit.
Dein Schweigen wie dein Name,
ein atemloses Versprechen.

Als dich die Flügel lustvoll schwebend,

stark, wie getufft, zerbrechlich,
der Maske dort entrissen,
obszönen Erwartungen lästern,
war die Auferstehung heller
als leuchtendes Gold.
Du warst es
und du warst es längst nicht mehr.
Du bist so alt
Von zärtlicher Jugend unerschöpflich,
deine Metamorphose
Wiedergeburt aller Empfindung
Offenbarung und der Anfang
eines vermeintlichen Endes.
So erhebst du dich
Scheinbar schwerelos,
schwebend und entschwindend,
Mariposa, Schmetterling.

Verborgen Bitte

Jeden Tag gab es zwischen uns zweien
der Säfte und Flüssigkeiten genug.
Oft waren es Tränen.
Eingetaucht im Schweiß der Lust
der Samen am allermeisten.
Unendlich waren wir davon umgeben,
tauchten, berührten und versanken,
wenn ich dich im Meer liebte,
mit jagenden Lungen nach oben,
wo schon kommende Brecher zur Unzeit
deine Augen versalzten.

Die Nachbarn hörten nur zeitweilig laute
Deklamationen zwischen den Türfüllungen,
die anderen Badegäste hielten uns
für fanatische Taucher und Wassertreter.
Vielleicht hängen sie ihre Schambrillen
Auch selber zu sehr über der Nase.
Dann sehen Leidtragende und Glückliche
Gleichermaßen entspannt aus.
Von der Bitternis des befangenen Alltags
fürchte ich mich nicht mehr.
Nur meine verborgene Bitte setzt mir zeitweise
zu, wie der Nonnen bekannte Reinheit.

Schließe deine Augen nicht vor dem Gehen,
denn das Wechselspiel des Wiederkommens
verletzt die Zeit,
zerstört die Stunde, wenn du mich liebst.
Als Mädchen hast du mich vom Hass befreit.
Statt vor Wut schrie ich anders,
weil ich nur noch in der Lust schrie.

Befreie mich von der Angst zu leben,
liebe mich
wie die Wellen an der Küstenlinie
den Sand.
Kehre um an jedem Tag,
errate und berühre alle Türen
und trage deine Last
wie ein Schiffbrüchiger die Hoffnung.

Weilen ferne Augen

Schritte dunkel weilen ferne Augen
auf blinden Schienen dieses Wollen
errechnet Zeiten, Worte, Ankunft,
kein Abend ohne Niedergang
des Flüchtigen und Bleibenden
entschwunden nicht vergangen
dieses Lied der Lieder völlig
weil seine Töne einmal angestimmt
durch alle Stummheit klingend schlagen
bis zum Erschöpfen und erneuernd
sich steigernd und im ritardando
wie Tagesecho aufgefangen trifft.

Erfahrung ist Erinnerung an dich
und dunkel wie dich nicht zu kennen
weil die Impulse nach dem Schatten
nur deutlicher nicht neuer zittern
ich frage nicht nach wann woher
und ob das wie ist ausgetrunken
denn immer ist finden gefärbte Antwort
ich glaube vorher wie du bist
und nachher wie du warst
tagsüber oder hingestreckt zum Schlaf
erwarten warten stumpfe Zeiten
vorüber eilen weilen ferne Augen
und sehen die verdampfte Wärme.

Hingeworfen

Gestern hab ich dich im Arm gehalten,
ohne Wissen, aber wie in alten
Zeiten dich verrückt gedrückt.
Ohne Argwohn und im Glauben
niemand könnt uns Atem rauben.
Tage später kam die Wende.

Hingeworfen ohne Schuld,
verloren auch der Mächtgen Huld
zum vernichten abgerissen,
bedeckt von kalten Dringlichkeiten,
wie unverhoffte nackte Zeiten.
Dein Bild und meine Angst im Kopf.

Verrauchter Honig deiner Haare
und klirrend voll geschnitzter Bahre
kein Hüter mehr, nur Wächter.
Wie Brand der Lepra drängen die Geschwüre
hinter schallend hoher Türe.
Auf leerem Teller Löffelklappern.

Und jene Meute wühlt im nassen Nebel
des Ruhmes Fetzen magisch Knebel,
vermag den Wahn nicht zu ersticken.
Doch über tausend zugefrorner Meilen
Hör ich dein Echo wehrhaft eilen.
Verfaulte Geister, Straßenende.

Glaubte ich zwischen Tote zu stürzen,
schwebende Mauern mit Leere zu würzen,
hast du dich zäh unsres Ghettos erinnert.
Und mächtiger Schlag trieb das Schwert ins Fleisch

Und Tinte wie Flammen, Mysterium zugleich.
Dann, hast du mich endlich aufgehoben.

Hätt ich der Liebe nicht

Hätt ich der Liebe nicht, so steht geschrieben,
die Fülle aller Völligkeit,
wär mir nur wenig, nichts geblieben,
wie Zustand nach Leblosigkeit.

Hätt ich der Liebe nicht, so kann ich lesen,
wär ich verdorrt am Lebensbaum.
Selbst wenn ich zehr von dem Gewesen,
ist jener Rest entwichner Traum.

Hätt ich der Liebe nicht, so weiß ich wohl,
wir könnten uns nicht tragen,
gestörter Tastsinn, wiederholter Gegenpol,
mit Liebe lässt sich wehrlos wagen.

Hätt ich der Liebe nicht, erklär ich weiter,
so auch nicht Güte und Verstehen.
Berechnung wäre mein Begleiter
und Leere mein Vergehen.

Hätt ich der Liebe nicht, am Ende,
blieb mir der Glanz der Haut verborgen,
und deines Körper Biegung, Wende,
an jedem maulbeerfarbnen Morgen.

Meine Briefe

Meine Briefe waren lange unterwegs,
denn der Kaffee ist gut in Italien,
der Tiber lernt schneller ist manipulierter
als die Prokuristen levantinischer Strenge.
Funktionierende Flaschenpost
kündigt genügsam von Ereignissen
deren verwässerte Spuren, einmal entkorkt,
wie Erynnien fürchtend lieben
und fraglos verzweifelte Trauer wählen.

Mein Leben ist wie ein Hilferuf aus der Welt
der abseits talwärts gangbaren Wege,
ein gerammter Liebender Holländer einzig,
dessen Zeit sich in Versen und Liebe erschöpft.
Macht sie nichts ungeschehen und bleibt zeitlich,
doch ihre Flanken, ihr vermeintliches Zittern
in jenem richtigen Sinn meiner Briefe,
ist wie durstig langsames verführen vor Tod.
Mit einem einzigen Wort, einem einzig Gesicht.

In der Nacht liest du mein Geplauder
wie der Abgrund sich verdichtet,
lesen, lesen unvermeidlich leben und dir zugewandt.
So sauber deine Augen, unbeweglich
und keine Schlüssel öffnen meine Wünsche;
verströmte Offenbarungen nachts an deiner Seite
malen mit dem Stift des Abwesenden.
Schreibe ich dir unentwegt bedeckend verhüllt
aus meinem stürzenden metallnen Haus.

Fragen und Antworten

Mit wem redest du in den Nächten
deiner Traurigkeit?
Wirst du genug Worte haben
wie Verzweiflung?
Kannst du mit gieriger Erinnerung
Überzeugung bewahren?
Reicht deine Phantasie zum Tod mehr
oder zur Ahnung unserer gefiederten Körper?
Wie erträgst du die Bitterkeit
unserer geschleiften Festung?

Ich widerspreche mir jeden Tag überzeugend
und baue mit einfarbiger Tollkühnheit
am querenden allwissenden Glück,
erlaube meinen schwärend sezierten Wunden
nicht zu heilen oder bluten,
einfach nur zu schmerzen, offen wie gewähren lassen
neben kurzen Augenblicken kontrolliert
meine Mühe ist noch weniger wie Angst.
Erforsche die Metaphern des Zögerns
so wie dein Keuchen Wahrheit war.
Ohne jede Hoffnung traurig gleitend
und immer bleicher hoffend einzig wie die Nacktheit
sich verbergend und dann endlich öffnend.
Hier ist die Bürde, ich will ankommen
und mindestens zwei Leben auf dem Kissen

Galeere

Schnee und Geschichten
konnten wir inzwischen
freundlich erzählen
im schwarzen Futteral
unserer Tag und Nachthitze,
aber als uns jemand falsche
Farben andichtete
sahen die Aufgänge anders aus.
Wie kann sich ein schwangeres Mädchen
gegen die Bösartigkeit des Neides
wehren?
Versunken in bescheidener Erwartung.
Wo die Hölle kurze Zeit sichtbar wird,
die Quellen rückwärts trocken rauschen,
finden sich merkwürdig viele
liebenswürdige Nächte des Wartens,
wo das Vertrauen
wie tropische Blätter rasch verfault.

Alles lädt zu lähmendem Warten,
zum Anblick einer Gruppe Einzelner,
dem Untergang auf ruhiger See.
Betrete nur meine Galeere,
dass ich dir in gelähmten Sätzen
meinen letzten Atemzug beschreibe.

Beschreibung meiner Frau

Müsst ich dich jeden Tag beschreiben,
wie Maler würd ich Farben finden
die Sprache Gesten selbst dein Schweigen,
wie Worte dir zu Ranken winden.
Die Laute, Töne, deiner zifferlosen Haut,
wie Blätter würden meine Finger fallen,
selbst verloren wärst du noch vertraut.
Wie weißer Marmor in den Hallen
ist jene sichre Liebesdeutung,
Gestalt und Eckstein, Könige verheerend,
das Wunder deiner zeitlichen Begleitung.
Geliebte warst du, immer wiederkehrend.

Und doch, die Liebe einst so wüst osmotisch
war nur das Maß der Eitelkeit,
wie Fieberschauer nur chaotisch
den Körper stürmen vor der Zeit.
Ich muss schon sagen, ohne Rücksicht,
auf Worte, Kinder und dem Schlangenflügel,
es war die Yacht durch Wellengischt
am Ende floss der Trauerhügel.
Und alle Tränen dieser Welt
konnten dich partout nicht rühren,
abzulassen von dem Zelt
verfluchter Zeitallüren.
Viel Zeit, ein teilnahmsloser Strom
Wird dich selbst ins Leere führen
barfuß, in den Erkenntnisdom.

Zwischenräume

Trennung ist Nähe
und Nähe Vermutung
die Tage wie Schmerzen
verharrende Fugen.
Ich kann deine Liebe
verschlüsselt ertragen
und singe abwesend
vom Ort unsrer Begegnung
so süchtig wie Schatten
unschuldige Tage hinabstürzen
und wieder krank vor Fieber
rufe ich auf den Uferstraßen
der bestürzenden Vorhersage
allein nach Verwandlung
in deine Haut.
Die verlorenen Zwischenräume
füllst du rücklings aus.

Nur mit dir reden

Ich hatte nicht erwartet dich zu sehen
die roten Blätter im Nieselregen
waren unwiderstehlich verletzt
nur gehen, nicht kommen, entrinnen
dabei will ich nur mit dir reden
heruntergefallene Reste verwandeln
damit du mich unzerstört raustragen kannst
aus dem hilflos beleuchteten Martyrium
unseres verhangenen Bühnenbildes.
Nur mit dir reden ist endlich lachen
ist wahrnehmen und steigern
wie die Spirale der Zugvögel nach vorn
in meine tätowierte Erinnerung
deren Schriftzüge wie heiße Glut
deine Hände wie Feuer brannten
Sprache ist niemals fremd
und Tote liegen wie Fische und Gold
still auf den versunkenen Herrensitzen.
Lass das Gesetz deiner Augen sprechen
dann will ich schnell noch etwas klären
deinen Leib mehr wie deinen Kopf
Deine Worte wie die Eidechsen
wechseln mit flinken Schritten
und schlauen Zungen auf dem heißen Stein.
Mit dir reden löst unser Rätsel.

Fragen an Nathalie Dominique

Wirst du stolz sein auf mich, sprachlose Tochter,
wie Erstgeborne auf die vererbten Schätze,
wenn Erkennen sich aus der Blindheit befreit?
Wie die Hingabe Suchender nach magischen Bildern
hab ich nie geschwiegen zum Unrecht wie du,
hab nie den flirrenden Verführungsverderbern
gehuldigt, die längst begraben in bitterer Festung.
Bist du stolz auf die Abhängigkeit an Legenden?
Hast du eigenes Denken völlig verlernt?
Wie fühlt man sich an den Strippen, den Ketten,
an denen andre dich ziehn gleich Marionetten?

Kannst du sie kennen, rufen, besingen,
die vom Typhus der Lüge nie elend verschwunden,
die reglose schweigsame glühende Wahrheit?
Das Leben davor, hast du nicht aufgepasst,
dass deine Dichtung in so kurzer Zeit
in flüchtendem Genuss flüchtiger Freuden
verendeten, abtrennten die Wege ins Leben?
Hältst du meinen Arm über dem Wasser der Zeit,
ist er gleich dem, der dich in Sonnen hob?
Bist du erstarrt im Winter deiner Gefühle?
Und sag mir, kennst du das Lied von Verrat,
die Ode des Starrsinns, hast du sie parat?
Raubt dir Sprachlosigkeit nicht den Schlaf,
liebst du den kleinen Bruder des Todes?
Stehst du erschrocken an Schattenschwellen,
wenn in trügen Betten vermeintlichen Friedens
das letzte Bewusstsein verfliegt?
Hast du kreischende Inszenierungen angepasst,
leckst du die Schalen wortlosen Hasses leer?
Wächst ein Herz das man mit Sand begießt,

oder hat es die Feigheit längst aufgespießt?

Wann hast du Nähe, Vertrauen verloren
wann die Angst vor der Wahrheit verstört?
Ohne Mühe, Menschlichkeit, verstehst du nie,
nicht mich, nicht die Welt, dich nicht selbst.
Das Maß deiner Spur wird zu Staub zerfallen
und klebrige Warnung bleibt unzerkaut.
Die Frage, geht versteinerter Hass über Leichen,
hast du kürzlich selbst gestellt
und beantwortet mit dem Trotz der Unmündigen.
Bleibt, wann werden Kinder Kinder Lügen erben?
Wann Angst vor Wahrheit zu Stein gerinnen?
Die Feigheit des Lebens ändert Gesichter
und wenn du aufwachst wirst du es schwer haben,
den barbarischen Schmuck wieder loszuwerden.
Dann bist du mit deinen Gallenbissen allein,
mit Täuschung und Irrtum und falschem Schein.

Eine Liebesgeschichte

Ich möchte dir eine Geschichte erzählen,
von Ordnung der Hölle, gespaltenen Tagen.
Du kannst die Zeit zum hören nicht wählen,
ich muss sie sofort, noch atemlos wagen.

Erst schlug mich der Prokurator in Eisen
und sprengte jede Vernunft in Stücke.
Ich suchte kriechend nach festen Beweisen
es dauerte lang, doch ich fand die Lücke.

Verrat und Verlust bleiben ohne Verstehen,
und dringen und zwingen wie Wasserflut.
Zerbrochnes Vertrauen ist nicht zu begehen,
nichts kann man heilen, nicht wird mehr gut.

Der Vorhang des Schlafes zerrissen, offen,
die Ankunft der Lüge kam unerwartet.
Dein Mund, Deine Küsse, ich konnte nur hoffen,
die neue Welt war, nicht wie die alte, entartet.

Eine Zeit und noch eine kleine verging,
dann machte ich mich auf die Reise.
Ich wusste genau was daran hing
du gabst mir Antwort auf deine Weise.

Das Fieber der Liebe hielt dich umschlungen,
die Sehnsucht auf Heilung hielt dich wach.
Du hast gewartet, gehofft und gerungen,
ich kam über Wolken, glitt unter dein Dach.

Es war eine Reise, du weißt, ohne Pause,
die Straßen nach Süden, du wachtest allein.

Es kreuzten sich Wege, die Türen im Hause
verschlossen, ich stand davor ohne Sein..

Noch heute seh ich die Last deiner Augen
sie glitzerten dunkel und strahlten hell.
Ich wusste, sie würden uns lange taugen
und nichts was wir taten, taten wir schnell.

Verborgene Schluchten sind manchmal nasser,
als Wege die zu ihnen führen.
Auch Wolken sind dicht wie Blätter nur blasser,
selbst am Ende der Welt haben Häuser Türen.

Die Feinde blieben über dem Abgrund hängen,
wir hingen ganz hoch in den Weiten
und deklamierten uns physisch aus den Zwängen,
Aphorismen der Liebe uns fortan begleiten.

Trennungen

In der Gegenwart angekommen,
unbemessen aus dem Schatten der Buchstaben
und zersprühten Regentagen herausgetreten
erreichten wir in maßlosen Kreisen, mit Maß
an den Saum der Zeit gekettet, den Kai.
Trennung zwischen Meer und Weniger.
Vom glutroten Schwarz der Sandbank,
Raum der Vögel und erloschner Zeit,
der beschwingten irdischen,
wie aus dem Blattwerk der Vergangenheit,
trat nur aufgekochter bittersüßer Rest.
Erzwungener Verzicht nimmt Witterung,
und die Gewöhnung trauert heimlich.

Den Raum gepachteter Liebe wirst du nie wieder
betreten, stattdessen kennst du den Geruch
des ausgeschwitzten Ursprungs, wirst ihn nicht
beschreiben können mit gebrochner Feder.
Zögernd noch entweicht der Fisch ins Meer
der unbekannten schlafzerbrochnen Sünde,
zur legitimen Herrschaft über uns.
Trennungen sind wie Buchstaben
Folterarsenale des Zorns der Zerstörung,
der Kälte und rasender Wut,
die Augen ineinander über Katastrophen.
Die Gefangenen spüren den rostigen Nagel
im Fleisch, wie der getauchte Rumpf auf See,
Konturen des aufgeweichten Papierschiffchens
wie Schmach die Sehnsucht einsaugt.

Später gieße ich die schmutzigen Blumen,
alle Bosheit und die Züchtigungen sammelnd

für das Tragtuch des Unwahrscheinlichen,
der schlechten Küche entschlossen zugetan,
ihr abgewandt und reglos endlich.
Diese Mahlzeit nährt nur mein Erbrechen,
auch wird der Hungernde auf fremde Rechnung
nicht von der Ahnungslosigkeit erschöpft.
Zeitweilig bricht das Echo der Verstörung
in die Gartenlauben vermeintlicher Stille
mit der Macht des Zerstörerischen ein.
Verwüstungen wohin man blickt.

Herbst

Erschrocken im Kleiderschrank
Pullover ausgraben
schon Frost und Schule, krank?
Da lachen die herbstschwarzen Raben.

Vor Wochen noch Sonne auf Haut
erinnern wie blassrote Striemen.
Rot an Blättern, Eichhörnchen kaut,
ich muss die Heizung bedienen.

Auf Teichen wassern die Kähne,
die Schwimmer vor kurzem, Sonne,
jetzt tauchen nur Enten und Schwäne
die Zeit i h r e r Wonne.

Felder leer, Blätter wie Tage fallen,
beim Aldi schon Dresdner Stollen,
der Wind lässt die Türen knallen,
am Himmel Drachen wie lila Knollen.

The Crown and the Ring

Wie lauernder Hunde tropfende Lefzen
stehen die Schatten deiner Abenteuer
hinter unwiderlegbarer Selbsttäuschung.
Lauter kleine Erklärungen hingeworfen
wie Lusthappen an trüben Tagen
erst rot, dann droht die Not, geht tot.
Niemand beugt sich freiwillig
zweckdienlich notgedrungener Aufklärung
wie das Bröckeln deiner Lippen und Worte,
the crown and the ring are following me
but the time is out of joy.

Kronen und Ringe still on my mind
Insignien der Macht und der Liebe,
ich leg sie zurück, verberge den Glanz,
in den Schatullen der Nacht.
Dein gleichmäßiger Atem
ähnelt gleichmäßiger Gleichgültigkeit,
du hast dich selbst herabgestoßen,
entmachtet
entachtet
zurück in die Unterschicht,
dem Hades des Unbewussten,
aus dem ich dich zärtlich emporhob
gehst nur du.
Die Krone
Der Ring
mit ihnen lerntest du laufen und stehn,
dir abgenommen musstest du gehn.
Beides
hattest du nicht verdient.
Deine Lebenslügen waren wie die Magie

deiner Augen,
glanzvoll
blendend,
dunkel,
geschlossen.

Dein Fleisch

Dein Fleisch trug das Siegel
erworbener Güte, da war es
rot und lebend wie frisch
ohne Wunden aus dem letzten
Jahrtausend.
Gesund gelebt geliebt bewahrt,
garantierte Metaphern signiert
gekostet gegessen geschmeckt
bis zum letzten Bissen.

Dein Fleisch war nicht so
wie domestizierter Kühe.
gespritzt gegen Pest und Gefahr
mit einer Marke am Ohr.
Gejagt warst du in freier Natur
auf dem Wildwechsel des Lebens
es gab keine Schonzeit.
Dein brünftiges Lachen
wurd mit gezieltem Schuss erlegt.

Dein Fleisch so zart, so fest
abenteuerliches *Œuvre*
schon bald streift Nachtlicht
fremder Büchsen deine Fasern,
erst Haut, Geschmack, dann Herz.
Die Signatur verblasste schnell
die Farbe blieb, es roch verdorben.
Der Totentanz begann
die Perforierung lockte.

Dein Fleisch war wie dein Leben,
Geruch läufiger Hündinnen auf Gras,
schnell durchblutend ausgeblutet,
kaum aus der Kühlhaus Frische
abgehangen zum Gebrauch,
tickt die mortale Ablauffrist.
Letzte Kontrolle im Gefühlslabor,
noch könnte man genießen.

Dein Fleisch am Ende unbrauchbar,
durchlöchert, fremder Proben Spur,
Geschmack wie Liebe und doch nur
verwässert, stumpf, an seiner Grenze.
Unbrauchbar auch die zarte Lende
der Moder lag mir auf der Zunge,
selbst die Konturen deiner Hände
im Zustand fortschreitender Verfäulnis.

Fragen an R.

Was jemand ist, was jemand war,
beim Trennen wird es offenbar.
Wo vordem unbedingt Verlass
gibt's nur noch Schweigen oder Hass.
Doch Liebe ist kein Wasserhahn,
den man mal ausdreht oder an,
in ihr, ganz rational betrachtet,
geht's zu, dass jeder jeden achtet.
Wer sich wen wann auserkoren
und warum das Gefühl verloren,
kann man nicht genau beschreiben,
es bleibt die Frage nach dem Bleiben,
oder Gründen nach dem Gehn,
der andre schließlich will verstehn.

Dich intressierte keine Klage
noch gabst du Antwort auf die Frage:
warum du mich schon früh betrogen,
dein Kind und mich dabei belogen,
getrieben von der Sucht nach Geld
und einem Tun das dir gefällt?
Was war der Grund für den Betrug
und warum war ich nicht genug,
für dich, zu intellektuell,
zu wenig Macho, materiell?
War es dein Traum vom Tanzparkett,
fandest du andre Männer nett,
warst du gehetzt von den Gefühlen
zu leben auf den goldnen Stühlen
im schlaglochfreien Zauberland
mit Kunstgewerbe an der Wand?
Mussten Jeans von Easy Rider

statt der bunten Kattunkleider
schwarze Röcke von Armani
rote Autos von Ferrari
deinen Selbstwert heben
und was wolltst du mir geben?

Hat die Liebe nicht dein Herz
am Beginn von Lust und Schmerz
vor Begehren fast zerrissen
hast du nicht gesagt wir müssen
endlich mal zusammen ziehn
aus Mayaland gleich nach Berlin?
Vergessen, wenn ich früh dich weckte
und noch nach Stunden in dir steckte,
wenn deine Schreie näher kamen
und mit der Ohnmacht auch mein Samen?
Was waren die Orgasmen wert
wenn der Hintergrund verkehrt?
Die Liebe hast d u auserkoren
hast du sie wirklich nur verloren?
Waren deine Emotionen
nur zeitliche Dispositionen
und was ist noch von dem geblieben
was wir über Jahre trieben?
Wars die eine weite Reise,
geschah dabei nur ausnahmsweise
der verborgne Sprung auf Zeit,
der unsern Bund dem Tode weiht?

Ich hab noch eine andre Frage:
wie viel Zeiten, wie viel Tage
brauchen Mayas, infantile,
für selbstvergessne Mädchenspiele?
Willst du bleiben was du bist
wie du warst, mit Lug und List

einem selbstverliebten Ego
von Santa Rosa bis San Diego?
Bleibt am Ende deiner Masche
non Gefühlen nur die Asche?

Eine letzte Frage bleibt,
die das Leben selbst uns schreibt:
was wirst du tun wenn dich die eine,
für dich verschwundne, seltsam kleine
Liebe dich ergreift
nach Jahren, wenn vielleicht gereift
die alte Eva und du reinigst
all ihre Lügen die du steinigst,
wenn dich die Reue nachts erdrückt,
du manchmal glaubst, du seist verrückt,
wenn sich was tief im Innern tät
und du erkennst, es ist zu spät,
wenn dein Verrat mit einem Schlag
die Augen öffnet wie der Tag
die dunkle Nacht verdrängt
dir mühlsteinschwer am Halse hängt?
Wolltest du die Wiederkehr
einer Zeit die nie mehr wär?

Vor dem Verrat

Vor dem Verrat
müssen wir uns lieben,
leidenschaftlich vor der Trennung,
zärtlich schweigend
vor dem lauten Krieg,
müssen lachen vor dem Weinen
beten vor dem großen Meineid.

Küssen müssen wir uns vor der Lüge,
vor der Klage freundlich sein,
leben noch bevor wir sterben,
lebend vor dem Tod bereun.
Glauben müssen wir an Leben,
sehnen müssen wir nach uns.

Danach wird deine Asche,
danach wird meine Asche
verweht
und nichts wird bleiben
von dir
von mir
von uns.
Am Ende bleibt nur eines:
die Liebe.
Für alle Zeit.

Die Liebe in den Zeiten der Lieblosigkeit

Die Liebe in den Zeiten der Lieblosigkeit
Erschien uns zunächst als Zweisamkeit,
kam unauffällig, bescheiden daher
war Sprechen und Nähe, war Atem nicht mehr
und manchmal taucht der Gedanke auf,
was wäre, nähme die Sach ihren Lauf?
Sie nahm ihren Lauf und unverhofft
lag ich bei dir, in deinem Loft.
Noch ehe wir uns zu Ende genascht,
wurden wir völlig überrascht,
vom Schlagen der Klappen unserer Herzen
begleitet vom Schein der hundert Kerzen
flogen wir wie von fremder Macht
durch unsere blaue Liebesnacht.

Schlussbetrachtung der Liebe

Liebe
waren deine Worte
ehe sie aufflogen mit den Zugvögeln
nach Osten,
in die klebrigen Ruten und Netze
der Vogelfänger
ganz ohne Kosten.
Fielen herab
in gezielter Verwirrung
das Ende bereitet
in einem rosaroten Grab.

So fielen deine Worte
auf rosa Erde Sumpf,
die Richtung war gelöscht.
Der Trumpf
der Liebe war dein Wort
und wie der Duft von Wärme
sich verflogen,
war auch dein Wort von Liebe
in das Nichts gezogen.

Ich habe dir
noch nachgerufen,
da hattest du mich hintergangen,
du mögest auf dem kurzen steilen
Weg der Abkehr
taubstummer Abneigung,
nicht verweilen,
doch deine Augen waren leer,
von Gier umfangen.

Deine Worte
wie der Duft der Liebe
augenblicklich verweht,
verloren
ohne neu geboren,
wusste ich, nichts geht
gegen die Emphase neuer Lust,
die deine Augen lebenslang
schön dicht versiegelt.

Worte

Ich halte mich fest an Worten,
an vielen Tagen, in mancher Nacht,
in fernen Ländern, verlornen Orten
hab ich mit ihnen Zeit verbracht.

Worte haben die Welt erschlossen,
Liebe möchte nach Worten greifen,
mit Worten wurd mancher erschossen,
durch Worte kann auch Hass ausreifen.

Mit Worten lässt sich trefflich streiten,
über die Liebe und Philosophie,
mit Worten ein System bereiten,
in Kirche oder durch Ideologie.

Worte sind auch wie Wasser und Feuer,
sind brennend und löschen zugleich,
das Leben wär ohne sie ungeheuer
ein besseres Totenreich.

begegnung

du von ferne
aus der zeit kommende
bei mir rast machende
selige
nein nein
selig allein durch gedanken
die reibend
die schwermut vertreiben
an den ziffern der uhr
verweile
in goethescher manier
nicht an der oberfläche
des zeitgeistigen
trinke einen tropfen glück
mit mir
damit du weißt wie das meer
schmeckt
denn während die welt
vereist und von liebe spricht
gibst du liebe
für sekunden und ewigkeiten
ich schließe die tür
öffne mein herz
mein mund wird weich
und wir sehen
die sonne auffliegen

schlaflos

schlaflos war die nacht mit dir
warst du doch ganz sacht in mir
durch die offne himmelstür
lautlos gleitend leise
dich umschlungen in der stille
draußen zirpte eine grille
in gedanken ich dich führ
auf die reise zu dem ort
an dem wir weilen ohne wort

sanften kreisen sternen gleich
schweben wir ganz zärtlich weich
auf wiesen unter weiden
legten sich die beiden
hände fangen augen langen
schlaf in meiner arme rahmen
erwache aus den träumen hier
ich rufe dich beim namen
und schwebe sanft auf dir

antwort auf eine frage

was du mir rauben kannst
war deine frage
ich breite alles vor dir aus
geb dir mein unverpacktes Leben
das wär das erste was ich sage

raubend kannst am mund beginnen
mir küsse rauben oder knabbern
ich halt dir auch noch andres hin
die unschuld ist nicht mehr dabei
das andre kannst du schon gewinnen

du kannst mich überfallen
und bitte dabei sanft
nach werten mich befühlen
das herz die hand die lust
wenn nötig auch in intervallen

den atem kannst du rauben
die worte gänzlich unumwunden
gedanken darfst du nur erraten
am ende gehöre ich dir ganz
das darfst du glauben

entsprechend dieser lage
nimm alles was ich bin
der größte raubzug aller tage
wird auch der letzte sein
ist antwort auf die frage.

In Wien

Aus dem geöffneten Schoß der Hofburg
Pollenflug und fremde Bewunderer aus der Wachau
und angrenzenden Feldern wie ziellose Ströme.
Meine Melange, gefleckter Teich im Griensteidl.
Der Tag verglimmt, die Fiaker eilen zum Dom.

Abgründe der Piefkes an ermüdete Ohren,
prüfend, wartend mit triefendem Naschwerk.
Am Nebentisch raschelt die Welt am Zeitungsstab,
die Donau zieht träg um die Ecke, dein Leib am Ufer
gesprenkelt vom Schatten der Reichsbrücke.

Hell funkeln die Sterne über der Kapuzinergruft
wie neunzehnachtzehn über getrocknetem Blut.
Die Kaffeeröster bei Meindl lassen klimpern,
Schiele versteht man jetzt, die Melange wird kalt.
Am Abend in die Oper deine Hand herznah, Wien.

Keine Neger mehr

Früher Dichter, Denker,
wechselten zu Richter, Henker,
heute nur noch Demokraten,
nicht zu vergessen Bürokraten,
selbst in der Politik
hat man sich jetzt richtig lieb,
egal ob Juden andre Rassen,
wir können nicht mehr hassen,
politisch sind wir voll korrekt,
das Gewissen schön verdeckt,
wer wagt es von Zigeunern sprechen,
außer denen die laut zechen,
mobile Minderheit sind heute
Sinti Roma und so Leute,
Türken, Mauren selbst Rheinländer
sind länger nicht mehr Ausländer,
man sagt Migrant mit Hintergrund,
selbst der Lehrling früher Spund
man neudeutsch jetzt Azubi nennt,
verschämt auch Alte einfach trennt
mit dem vernebelnden Begriff Senior,
die Wahrheit kommt längst nicht mehr vor,
kein Krieg, selbst in Afganisthan,
zu uns kommt doch kein Taliban,
die Menschen sind angeblich gleich,
auch vor Gericht auf einen Streich,
die Dummen wie Gescheite,
die Schmalen wie auch Breite,
weiß wird schwarz und schwarz wird weiß,
bloß kein Diffamierungsscheiss,
Negerküsse sind perdu,
stattdessen Schaumkuss zum Menü,

alles wird heut umbenannt
im korrekt Gutmenschenland,
negro - schwarz ist lange her,
Neger gibt es auch nicht mehr.

Luftschloss

Von der hohen Warte
Meines Schlosses Luft,
Schau ich wie die harte
Wirklichkeit verpufft.

Bin dem Himmel näher,
Auch der Übersicht,
Gleich wie jener Späher
Folge ich dem Licht.

Folge den Konturen
Beglückender Vision,
Meide die Lemuren,
denn wer kann das schon?

Den Liebenden aus Nimmerland
Kann keine Frage schmerzen,
Kein Einspruch stört, zerreißt das Band
Ihrer verschwornen Herzen.

Es trägt

Das Alte ist vergangen
Das Neue schon zu sehn
Unsterbliches Verlangen
Führt uns beim Weitergehn.

Wohin es auch verschlägt
Warum es so gekommen
Wir wissen nur es trägt
Es bleibt uns unbenommen.

Halbe Nacht

Am Kamin, die halbe Nacht
haben wir geliebt, gesprochen
und dabei gelacht.
Jede dieser schmalen Stunden
ein Geschenk auf Zeit,
denn wer weiß wann sie verschwunden
sein wird, unsre Heiterkeit.
Umso tiefer will ich mich versenken
in dein Wort, in Deine Hände
in die Süsse deiner Haut
will ich mir Vergessen schenken.
Will ein wenig in Dir leben
über Tag und Jahre
reden, küssen, nehmen, geben
gleiten, ohne alles lenken.

Wolfgang Welsch wurde 1944 in Berlin geboren. Noch während der Schulzeit arbeitet er mit Wolf Biermann am "berliner arbeiter- und studenten theater" (bat) in Ostberlin. Angeregt durch ihn und durch Kontakte mit Sarah Kirsch, Gisela Steineckert und anderen Lyrikern, schreibt er erste, meist systemkritische Gedichte und liest sie öffentlich. Der Konflikt mit dem Regime ist damit vorprogrammiert.

Noch vor dem Abitur absolviert er eine Ostberliner Schauspielschule. Er arbeitet mit einem Förderungsvertrag beim DDR-Fernsehfunk (DFF) und bis zu seiner Verhaftung durch die Geheimpolizei als Theater- und Filmschauspieler.

Sein unbeugsamer Widerstand gegen die Willkür der SED-Diktatur, dem er mit politischen Versen Ausdruck verleiht, seine Sehnsucht nach Freiheit und ein missglückter Fluchtversuch, führen ihn 1964 in die Gefängniswelt der 'demokratisch-sozialistischen Menschengemeinschaft'. Nach knapp sieben Jahren politischer Haft wird er 1971 mit Hilfe des damaligen Bundeskanzlers Willy Brandt und Amnesty International/UK in den Westen freigekauft. Nach kurzer Rekonvaleszenz erhält er mehrere Engagements an westdeutschen Theatern.

Die posttraumatischen Belastungsstörungen als Folge von Misshandlungen, Folter und Gewalt während der Haft, zwingen ihn zur Aufgabe seines Berufes. Er studiert Soziologie, Politikwissenschaft und Philosophie in Gießen und promoviert mit einem Thema über das Ministerium für Staatssicherheit der DDR. Dadurch, und durch effiziente Fluchthilfeaktionen für verfolgte DDR-Bürger, wird er zu einem der größten Staatsfeinde der DDR. Die Stasi verfolgt ihn auch im Westen viele Jahre und führt, angeleitet durch den Zentralen Operativen Vorgang "Skorpion" des MfS, mehrere Mordanschläge auf ihn aus, die er alle überlebt.

Neben seinem politischen Engagement als Publizist, Essayist und Autor, drückt er immer wieder politische und persönliche Gefühlslagen in Versen und Sonetten aus. Dabei experimentiert er mit verschiedenen Stil- und Ausdrucksformen.

1993 offenbart der Einblick in seine Stasi-Akten das ganze Ausmaß der Verfolgung durch das Ministerium für Staatssicherheit. Drei Strafanzeigen gegen Erich Mielke wegen Verabredung und Vorbereitung zum Mord, sowie gegen daran beteiligte MfS-Offiziere und IMs, werden aus Unglauben von der westdeutschen Justiz nicht bearbeitet. Nach neuen Morddrohungen befürchtet Wolfgang Welsch die Rache ehemaliger Stasi-Offiziere und geht einige Jahre ins Exil nach Mittelamerika. Er verfeinert sein Spanisch, verfasst Gedichte in der Landessprache und veröffentlicht sie.

Durch freundschaftliche Kontakte zum Präsidenten der Universität von Costa Rica gelingt ihm, costaricanische und andere mittelamerikanische Künstler, darunter die guatemaltekische Friedensnobelpreisträgerin Rigoberto Menchu, die chilenische Schriftstellerin Isabel Allende und den venezolanischen Autor Rafael Cadenas, zu literarischen Gesprächsrunden auf seine Finca einzuladen. Nachdem die Stasi-Täter 1994 verhaftet und verurteilt werden, kehrt er im gleichen Jahr nach Deutschland zurück.

1999 erscheint sein Buch „Widerstand und MfS im SED-Staat. Folgen und Konsequenzen" (Schwarzbuch Verlag). Eine Analyse über die Repression, deren Folgen und die bis dahin gescheiterte Aufarbeitung.

2000 erscheint der Gedichtband "Klage. Gedichte gegen die Diktatur" (Schwarzbuch Verlag). Anna Achmatova, Paul Celan und Octavio Paz sind seine Vorbilder, die sich wie er, gegen Totalitarismus und Gewalt engagieren. 2001 erscheint seine Autobiografie "Ich war Staatsfeind Nr.1" (Eichborn Verlag/TB Piper Verlag, 5. Aufl. 2010), die 2004 verfilmt wird. 2010 verfasst er ein gleichnamiges Schauspiel für das Theater Trier.

2009 erscheint sein Buch "Die verklärte Diktatur. Der verdrängte Widerstand gegen den SED-Staat" (Helios Verlag). Mit der vorliegenden Edition stellt Wolfgang Welsch eine Auswahl von Gedichten aus drei Jahrzehnten in drei Zyklen vor. Eine Besonderheit sind die im Zyklus Ost datierten Gedichte, die während seiner politischen Haft entstanden und als Kassiber aus dem Gefängnis geschmuggelt wurden und erst 2011 in den Stasi-Akten wieder auftauchten.

www.wolfgang-welsch.com